おしゃべりで世界が変わる

川上善郎 著

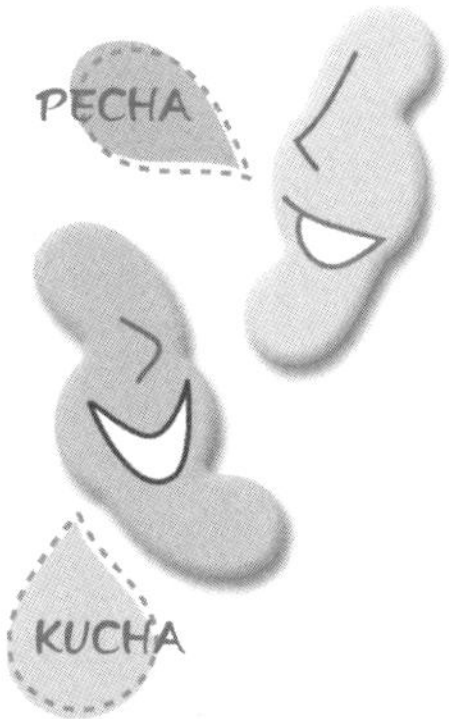

北大路書房

はじめに

本書を手にしているあなたは「おしゃべりで世界が変わる」というタイトルに違和感をもたれたのではないでしょうか。おしゃべりは毎日しているけれど、おしゃべりで世界が変わるなんてとても信じられない。こんなふうに考えておられるのではないでしょうか。この本を書いてみたいと思った動機は、そんな気持ちに挑戦したいということにあります。そして、おしゃべりというものを21世紀のコミュニケーション状況のなかで改めてとらえ直したいと思ったところにあります。

本書では、おしゃべりを広く考えています。顔をあわせて交わすおしゃべりから始まって、携帯電話やメールでのおしゃべり、インターネットの掲示板でのおしゃべりなども含みます。さらに、テレビのなかでのおしゃべりやテレビに向かって語りかけるのもおしゃべりと考えます。あらゆる場でのパーソナルコミュニケーションと考えてくだされぱよいでしょう。

おしゃべりのもつ影響力はほんとうに弱いものなのでしょうか。20世紀になって新聞・ラジオ・テレビの華々しい活躍の陰で、おしゃべりは、社会の進歩にとってじゃまなもの、無秩序なもの、コントロールできないものとして、社会の片隅に追いやられました。そのうえとんでもないことに、私たち自身がおしゃべりは役に立たないもの、むだなものと思い込んでしまっているのです。そんな頑迷な考え方を打ち破るために、日常生活のなかでおしゃべりがいかに重要な働きをしているのかを、各章を通じて示します。同僚の悪口・うわさ、仕事のぐち、会議のおしゃべり、口コミなど、いろいろな場面でおしゃべりがもつ力を楽しく考えてみたいと思います。

21世紀になって、インターネットやケータイの普及は、20世紀後半に確立したコミュニケーションの流れを変化させています。マスコミとパーソナルコミュニケーションという概念で割り切れた時代から、これら二つを区別できない時代に変化しているのです。おしゃべりの世界に住む私たちにとっても重要な変化ですが、とりわけマスコミの世界に住む人々にとって、みずからの生活基盤を揺るがす重要な変化が起こっているのです。しかし、そのことの意味に十分に気づいていないのです……

本書では、インターネットやケータイによって引き起こされているコミュニケーション状況の変化を、「おしゃべり装置」の誕生として理解してみたいと思っています。マスコミの情報も、私たちのおしゃべりも「おしゃべり装置」に投入されることで、これまでにないパワーを獲得するというのが21世紀のコミュニケーション状況であるといいたいのです。このような「おしゃべり装置」をもってしまった現在、「おしゃべりで世界が変わる」ことへの認識がたいへん重要となります。そのことを認識することによって実際に「おしゃべりで世界が変わる」ようになるのです。

くり返しになりますが、おしゃべりが私たちの人間関係＝社会をつくっているというあたりまえの事実と、おしゃべりを楽しむためのヒントを本書から読み取ってもらいたいのです。またマスコミに生活する人々には、マスコミのなかで「個人」を取り戻すためにどのようにおしゃべりをしたらよいかのヒントを読み取ってもらいたいのです。少しでもおしゃべりをとおして世の中を変えていくことができたら、また少しでも自己表現が楽しくなったらと考えて本書をまとめてみました。

＊本書のなかでしばしば登場する事例の多くは、東京女子大学と白百合女子大学の受講生が、授業で書いてくれたものです。本書のなかで最も生き生きしている部分だと思います。一人ひとりに断りもせずに引用したお詫びと、いつも楽しい事例を提供していただいたお礼を述べたいと思います。また北大路書房の奥野浩之さんには、いつも楽しいおしゃべりのなかで、本書の中心となるアイデアをいくつもいただきました。ありがとうございました。

目次

第1章　人はなぜおしゃべりをするのか

あなたは、おしゃべりを、むだなもの、望ましくないもの、役に立たないものと考えていないでしょうか。もしもそのように思うとしたら、それは小さなときからくり返しおしゃべりはよくないものと教育されてきた結果かもしれません。

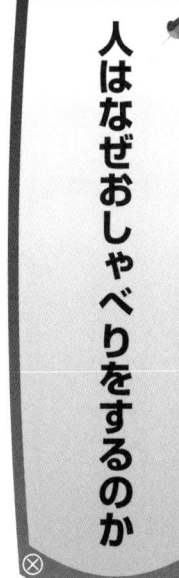

小学校1年生の新学期、教室のなかはおしゃべりが渦巻いています。だれもおしゃべりがいけないなどとは考えていません。しかし、学期が変わるころには教室には秩序ができ、授業中のおしゃべりは少なくなります。それにもかかわらず、毎日のように先生は生徒のおしゃべりを注意します。生徒たちには、おしゃべりへの自然な欲求があるからでしょう。頭のなかでは、おしゃべりはよくないと知りながらも、どうしてもおしゃべりがしたくなってしまうのです。このような気持ちは大人になった今でもあるのではないでしょうか。

小学校に限らず、中学、高校、大学でも、教師のおしゃべりとの戦いは続くのです。教師はおしゃべりを禁止します。しかし、矛盾しているのですが、その一方で授業での活発な発言を生徒に期待するのです。授業に役立つ発言だけはしてもらいたいのです。もちろんうまくいくはずはありません。教師は生徒の積極的な発言が少ないこととおしゃべりが多いことをいつも嘆いているのです。

社会人になっても、事態はなに一つ変わりません。勤務時間中のおしゃべりや会議中のおしゃべりがいつも問題とされます。ＯＬの給湯室でのうわさ話は上司や男性社員の目の敵にされます。おしゃべりをしている時間があったら仕事をしろと厳しく言われます。会議中の私語はもちろんタブーです。しかし、その一方で経営者や管理者たちは社員の活発な意見を期待しているのです。プロジェクトチームをつくって一生懸命発言を促すものの、ろくな意見は出てきません。効率的な会議のもち方をマスターするために管理者に専門のトレーニングを受けさせたりします。おしゃべりではなく、役立つ意見を生み出そうと必死なのです。もちろんうまくいくはずはありません。

おしゃべりは役立たない

おしゃべりに対する風当たりは、学校や職場だけではありません。主婦のおしゃべりにも向けられます。子どもを幼稚園に送った後のおしゃべりは、井戸端会議と蔑称され、くだらないこと、役に立たないことの代表選手にされています。テレビに目を向ければ、ニュース番組は有意義な番組とされるのに、ワイドショーは、同じニュースや事件を伝えているにもかかわらず、見ているのは時間のむだ、品がない、プライバシーの侵害とあたかも最低の番組であるかのようにいわれます。テレビの井戸端会議と称せられ、ここでもおしゃべりが目の敵にされているのです。

また、今ではマスコミも情報源にしているといわれるインターネットの巨大掲示板でのおしゃべりについても、インターネットの井戸端会議とかトイレの落書きと揶揄されることも多いようです。マスコミは、そこから情報を集めておきながら、ここでのおしゃべりが事件の原因になったとあつかましくも批判します。インターネットの掲示板の情報は、おしゃべりにすぎないから信頼できないとくり返しマスコミは主張し続けるのです。

このようにみてくると、私たちのおしゃべりは、社会的に認められた「公的な場」からじゃまなもの、むだなもの、よくないものとして排除されてきたのではないでしょうか。学校では「授業」や「行事」などから、会社ならば「仕事」や「会議」から、社会では「ニュース」「政治」や「教養」から、おしゃべりは排除されてきたのです。あたかもおしゃべりがそれらの円滑な運営のじゃまをするかのように考えられてきたのです。しかし、そのように考えているのは、学校、会社という組織や社会ばかりではなく、あなた自身もそのように考えているのではないでしょうか。小学校時代から今のあなたになるまでに、しっかりとおしゃべりはよくないものと思い込まされているのではないでしょうか。本書では、そのような思い込みを忘れて、おしゃべりというものについてもっと自由に考えてみたいと思います。

自分のためのおしゃべり

最初に、おしゃべりしたいという気持ちについて考えてみましょう。おしゃべりしてはいけない状況でもついおしゃべりをしてしまうのは、なんといってもおしゃべりが楽しいからでしょう。おしゃべりしてしまうのは**「おしゃべりを楽しむため」**です。楽しくて、おもしろい時間を過ごせるからおしゃべりをしてしまうのです。いわば「娯楽」としてのおしゃべりです。特別の費用もかからず、しかも満足度も高いというのだからすばらしいことですね。

ここから、おしゃべりする動機として**「時間をつぶすため」**が生まれてきます。退屈で何もすることがないときに、おしゃべりほど都合のよいものはありません。一人で時間をつぶさなければならずに苦労した経験は多くの人がもっていることでしょう。

娯楽としてのおしゃべりには、**「自分の知らない世界を知るため」**におしゃべりを求めるということもあります。経験の豊富な人とのおしゃべりは、自分の知らない世界にいざなってくれることもあります。つまらないテレビドラマと違って生身の人間の生きた体験を味わうこともできます。話に引き込まれて、退屈な自分の人生を一瞬でも忘れさせてくれることも多いのではないでしょうか。

またおしゃべりは、覚醒やスリル、**「興奮と刺激を求めるため」**にもなされます。激しいことばの応酬、ユーモア、相手の発言に対する突っ込みやぼけ、多様な言葉のやりとりは快楽でさえあります。

おしゃべりの醍醐味でしょう。

おしゃべりは娯楽というだけではありません。楽しいうえに、癒しをも生み出し、疲労回復の特効薬ともなります。おしゃべりをするのは、**「リラックスするため」**でもあるのです。くつろいだり、休んだり、緊張した気持ちを解消したりするためにおしゃべりをする。落ち着いた雰囲気のなかで、親しい友人や家族とのおしゃべりは、疲れをとり、軽いストレスを解消し、翌日の活力の源となります。

また強いストレスや葛藤を感じたときにも、おしゃべりは有益です。自分のなかのいやな感情を心のうちにしまっておくことは、心理的に抑圧された状態をつくり出すことになります。そんなときに**「感情を表出するため」**におしゃべりを求めることがあります。自分が感じているストレスや葛藤を人に聞いてもらうことは、ちょうどカウンセリングを受けるようなものなのです。おしゃべりは、ストレスや葛藤の本当の原因を解消するわけではありませんが、心のなかのバランスを回復するためにはとてもよいことなのです。

このようにおしゃべりの動機として積極的なものがある一方で、人をおしゃべりに向かわせるものとして逃避動機というような消極的なものもあります。**「やらなければならないことから逃げるため」**におしゃべりに走るというものです。逃避ということではテレビも有効ですが、おしゃべりの場合には、話相手がいる分、逃避しても心理的に感じる罪悪感は少ないのでしょう。また、強い不安に襲われたときにも、人々はおしゃべりに走ります。物理的・心理的な危険に直面すると、不安をやわらげ「**安心したいため**」におしゃべりをすることが知られています。大きな災害に襲われた直後に人々が一時的に饒舌になるのは、おしゃべりをとおして自分の不安を確認したり、不安をやわらげたりするためなのです。

他人との関係をつくるためのおしゃべり

おしゃべりはすでに述べたように自分自身の欲求のためになされます。同時に、他人との関係をつくるためにもおしゃべりはなされます。そのなかで最も基本的な動機は、「**人となかよくしたいため**」におしゃべりをすることです。自分は孤独ではないとか、この人とはなかよくなれるとか、このグループのメンバーであるとかを、おしゃべりをとおして確認したり、実感したりするのです。なにげないおしゃべりであっても、おしゃべりのくり返しは、お互いが親しいことの証拠なのです。

「**人に何かをしてもらうため**」に、おしゃべりをすることも多いでしょう。他人に自分の望むことをしてもらう場合に、おしゃべりを利用するのです。日常のおしゃべりのなかにも、相手に働きかけて何かしてもらうためのおしゃべりというのも多いのではないでしょうか。社会的には、テレビの広告なども、商品を売るためのおしゃべりですし、昔からある弁論術などは、人を説得するためのおしゃべりともいえるのです。

「**相手への思いやりのため**」におしゃべりをすることもあります。寂しそうな老人がいると声をかけておしゃべりをしてあげる。退屈している人がいると話し相手になってあげるなど、本人は積極的にしゃべりたくないときにも、話しかけるということはよくあることです。相手への思いやりということもありますが、自分が相手に対して関心をもっていることを示すことにもつながるのです。

母親が自分の子どもに飽きることなくおしゃべりをしている光景もよく目にします。これなどは、わが子に対する**「愛情のため」**にする自然なおしゃべりでしょう。他人に対する愛情があると、おしゃべりになって出てくるのでしょう。

このほかに、**「沈黙をさけるため」**におしゃべりをすることもあります。向かい合って座っているときの沈黙ほど気の重いものはありません。たいして意味のないおしゃべりでも、沈黙よりは、社会関係をずっとスムーズにすることになります。沈黙を破りおしゃべりを続けることが社会的な約束になっているようです。このように、おしゃべりの動機のなかには、他人との関係をつくったり、維持したりするという側面があるのです。

情報を得るためのおしゃべり

さらに、人がおしゃべりする動機には**「情報を手に入れたい」**というものがあります。おしゃべりからじつにさまざまな情報が得られます。そのなかで最も重要な情報は、自分の所属する集団や組織、あるいは近所の情報でしょう。マスコミの力がいくら強大だといっても、こんな身近な情報は絶対に伝えてくれることはありません。おしゃべりというとても身近な方法で手に入るので、とくに貴重とか重要とか考えることはないのかもしれませんが、毎日の生活でこれらの情報ほど役に立っているものはないはずです。情報というとすぐにマスコミと考えてしまうけれど、実際にはおしゃべりによって得られる情報のほうがずっと重要なのです。

このような日常生活の情報とは別に、おしゃべりから得られる情報として重要なものは、自分や相手についての情報があります。おしゃべりは、いやでも自分を表に出すことになります。おしゃべりのなかに自分が表現されるのです。同時に相手もおしゃべりのなかに表現されることになります。私たちがおしゃべりをする理由の一つは**「自分を表現するため」**なのです。自己表現などと意識しなくても、おしゃべりのなかに自然に自分が現われ、同時に相手もまた現われてくるのです。このことは、私たちがおしゃべりをとおして相手のことを知り、また自分のことを相手に知らせていることを示しているのです。このような相互作用をとおしてお互いの理解が進むことになるのです。

また、おしゃべりは、**「自分について知るため」**にもなされるのです。おしゃべりの相手の反応のなかに、相手が自分のことをどのように考えているのかを読み取っていくのです。ちょうど鏡をのぞきこむように相手のおしゃべりに自分の姿を読み取るのです。じつは人々がどのように自分を見ているかは、おしゃべりをとおしてしか知ることはできないのです。

さらに、**「自分の行動の基準をつくるため」**におしゃべりをします。ある状況におかれたときに、いったい何をしたらよいのか、どのようにふるまったらよいのか、自分の行動はこれでよいのか……

など自分の行動を判断する基準を周囲の人とのおしゃべりのなかから見つけ出すことも多いのです。一例をあげるならば、初めてのデートのときにどんなふうにふるまったらよいのかなどは、友人たちとのおしゃべりのなかから多くを学び取っていくのです。

大学のゼミでの発表をしたあと自分がうまく発表できたのか知りたくなります。そんなときに「あんまりうまく発表できなかったけど、どうだったかしら」などとおしゃべりの話題を今日の発表にもっていったりします。これは、自分について知るためではありますが、同時にそこで求めているのは自分をほめてくれるあたたかい反応なのです。「**セルフサポートを得るため**」におしゃべりをすることもあります。元気づけてくれる言葉を人からもらうことでみずからを元気づけようというのでしょう。あるいは、「**他人の共感を得るため**」におしゃべりをすることもあるでしょう。

おしゃべりには相手がいる

おしゃべりをしたい気持ちを大きく整理すると、自分の楽しみのため、他人との関係をつくるため、そしてさまざまな情報を得るためでした。それぞれには、また多様な動機が含まれていました。よほど意識的におしゃべりをしている人を除いて、おしゃべりしたい気持ちがこんなに種類が多いなどと考えたこともなかったのではないでしょうか。じつは先にあげたのは、ある研究者の考えをもとにしており、そのリストのなかには全部で20種類近くの動機があげられていました。

しかし、このようにおしゃべりしたい気持ちにはいろいろな種類があると知ったとしても、実際のおしゃべりについては不十分な理解しか得られないのです。というのは、これらのおしゃべりしたい気持ちは、あなたの気持ちにすぎないのです。おしゃべりをしている一方の気持ちを表わしているにすぎません。おしゃべりは2人以上でするものですから、あなたの気持ちはそれなりに尊重されるでしょうが、もう一人の気持ちも同じように尊重される必要があるのです。たまたまおしゃべりしたい気持ちがお互いに一致しているならばおしゃべりはスムーズに進むでしょう。しかし、2人の気持ちが一致しないことも多いはずです。社会的な関係が対等でない2人であれば、関係の上位の人の動機が優先することがふつうかもしれません。しかし、おしゃべりのおもしろさは社会的な力関係だけによって支配されるわけではないところにあります。おしゃべりには、それぞれの個人のおしゃべりしたい気持ちを越えて、おしゃべりの目標というのがあるのです。

おしゃべりの目標

最初の目標は、おしゃべりを「**楽しくする**」という目標です。おしゃべりはけっしてそのままで楽しいものではないのです。おしゃべりの参加者一人ひとりが楽しいものにしようと意識して行動しているから楽しくなっているのです。

おしゃべりをしているときに気にするのは、何を言ったら相手は笑ってくれるのか。このおしゃべりを楽しんでくれるのかってことを考えています。相手が私とのおしゃべりを楽しいと言ってくれるとなぜかうれしくなっちゃいます。

おしゃべりでは、参加者は自分の話したいことを話すのではなくて、「楽しくする」ことが義務づけられているのです。だからいろいろと神経を使わなければならないのです。

とくに親しいというわけではない友だちとおしゃべりをするときは、間があかないように、会話が止まらないようにがんばって話します。

このように気を使うわけですが、さらに義務感が募ると……

場を盛り上げるために、嘘っていうか、つくり話をするときもある。これっていけないことなのでしょうか……いつも話をおおげさにしてしまい、いつも他の人から突っ込まれる。

というようになるのです。嘘をついてでもおしゃべりを楽しくすることのほうがずっと大事なことになっているのです。

次の目標は、お互いの**「体面を大事にする」**という目標です。おしゃべりしていて人々がとても気にしていることは、自分の体面はもちろんのことですが、相手の体面を傷つけないようにすることです。いかに親しい仲であっても体面を大事にするという目標が存在するのです。

だれかと話しているとき無意識に「この人はここまで言及してもよい」という見えない線引きを行なっています。話をしているうちに、その線がどんどん相手側に侵食していくこともあれば、定位置を維持し続けることもあります。デリカシーのない人は簡単にその線をヒョイと飛び越えてくる。見えない線を察知することはとても人間関係のなかでたいせつだと思います。

おしゃべりのなかで相手の顔をつぶすことのないように、じつに細心の注意が払われているのがわかります。楽しくする目標が嘘につながったように、体面を大事にするあまり心にもないことまでいうことになります。

親しくない人、苦手な人と話すときは、自分の失敗談ばかり話してしまいます。本当はそう思っていなくても、その人に合わせて話してしまったりもします。その場を切り抜けるために、それでもまあよいかなーと思います。

また、自分自身の体面を保つためにもじつにたいへんな苦労をしているのです。

気のおけない仲間だと疲れていたら疲れた声と表情で話してしまいますが、相手がサークルの後輩や出会って間もない人だと、疲れをおして明るく話します。

体面を保つのはたいへんな苦労が伴うのです。

社会的なつながりを深める

おしゃべりをするうえで人々が最も気にしているのは、「社会的なつながりを深める」という目標です。だれとでも「なかよく」できたらいいなと思っていて、そうする努力が必要であると認識しているのです。おしゃべりをとおしてよい人間関係を維持するという目標です。

おしゃべりをするということは、友だちとよい関係を維持するためだと思います。長い間連絡しなかったり、接しなかったりすると気まずくなるような気がします。

おしゃべりをしてみて、どの程度なかよくなれるかを自分のなかで決めていると思います。おしゃべりをしながら、私は相手との距離を測っています。

裏返せば、おしゃべりをしないと「なかよくされない」と考えていることになります。ここに若い人のコミュニケーションに対する強い動機が潜んでいるのでしょう。

おしゃべりをしている間、相手との距離を冷静に測っているのが読み取れますね。最も人見知りの強い人はこの目標をうまく処理することができず、ついつい他人から誤解を受けるようです。

私は人見知りが激しいので、人と打ち解けて話せるようになるまで時間がかかるので、だんだん親しくなってくると「あなたって、こんなによくしゃべるような明るい人だと思わなかった」などとよく言われます。

だからこそ、相手に「関心がない」と思わせないようにするために、おしゃべりの間に相手をしっかりとモニターして、関心があることをアピールするための健気な努力が必要とされるのです。

人と話をするときには、しっかりと聞く姿勢をとるようにしています。もし仮に自分が何か話をしているときに、相手が何か別のことを考えていて、心ここにあらずの状態が手に取るようにわかったとき、話している側はたいへんショックだし、相手の性格まで疑いかねず、この人は自分への興味がないのだと思い込んでしまいがちですから。

おしゃべりをくり返すうちに、社会的なつながりが自然につくられていくという現実があり、仮に社会的なつながりを求めないにしても、おしゃべりは仲のよい社会生活の象徴なのです。だからこそ、私たちはおしゃべりを「社会的なつながりを深める」ものと認識しているのです。

共通の課題、共通の理解

次の目標は、「**共通の課題を成し遂げる**」という目標です。会議の悪口に「あんな会議はおしゃべりにすぎないよ」というせりふは耳にたこができるほど語られてきました。その理由は、会議は目的をもった集まりであるからでしょう。そこでの会話は仕事をすることが目的であり、会話はその目的を実現するための手段です。だから目的が達成されなかった会議については「おしゃべり」と揶揄するのです。しかし、私たちがおしゃべりをするときにも、しばしば会議と同様に「課題の達成」が顔を出すことも多いものです。「そうね、今度の日曜日にみんなで横浜の公園に行こうか」「いいじゃない。行こうよ」「それじゃだれに連絡したらいい」……などと急に仲間で横浜に行く計画が実現します。おしゃべりは、ミニ会議に変貌します。こんなときに、話が脱線したりすると、「ねえ、ちゃんと考えてよ」と課題に戻す努力が払われます。おしゃべりも場合によっては、課題を達成することが目標となることもあるのです。

最後の目標は、**「共通理解への到達」**とでもいうものです。お互いに理解するという目標です。おしゃべりをしている人どうしが、今話題にしているいろいろなことがらについて、お互いに共通に理解しているという目標です。おしゃべりにおいて議論があまり好まれないのは、おしゃべりに共通理解への到達という目標があるからかもしれません。おしゃべりをしていて意見が対立したまま、おしゃべりを終わらせるのは気持ちのよいものではありません。

友人とおしゃべりをするときは、同じ世代でほとんど食い違いもないので「だよねー」とか「そうそう」とか言って同意してうなずくことが多い。お互いにそうやって分かち合えて話が合うとさらにおしゃべりがはずむ。本当に親しい関係の相手とのおしゃべりになると、「少しそこは違うんじゃない！」って思うことは「えっ！　そう?」「私は違うな」とか言って思いっきり言える。それが許されるのが本当の友だち。

このように、おしゃべりの話題についての自分の意見、自分の見方について他者が共感してくれることがいかに大きいかが読み取れるでしょう。そして大事なことは、親しくない人との間でこそ、表面的な同意が強くなされるということなのです。仮に表面的であったとしても、「お互いにそうやって分かち合えて話が合う」と認識することが、さらにおしゃべりをはずませるのです。「共通理解への到達」という目標がおしゃべりを強烈に支配しているのです。

おしゃべりというゲーム

おしゃべりの目標は、ほとんど意識されることはありません。しかし、おしゃべりを支配する暗黙の了解となっているのも事実なのです。読者にはすすめませんが、意図的にこれらの了解を踏みにじってみると、とても強い反発を生み出すことになります。

そして、おしゃべりのすごいところは、現実の社会関係に関係なく、おしゃべりの目標は守られなければならないことです。権力があるからといってこれらの目標から逸脱してよいというものではないのです。これらの目標を踏みにじるということは、サッカーゲームで点が入らないからといってボールを手で持ってゴールに押し込むようなものなのです。たしかにボールはゴールに入りますが、ゲームはおしまいです。いっしょにゲームをしてくれる人がいなくなるでしょう。おしゃべり場面での逸脱に対する制裁は、場合によっては、目に見える形では現われないかもしれません。長期的にみると人間関係の網の目のなかで強力な制裁が行なわれるのです。

しかし、一方で、日常生活では、知らず知らずにこれらの目標からの逸脱をやってしまうことも多いのです。そのような人は「口が悪い」といわれたり、「白けるんだよな」「おもしろくないんだよ」「話がわからないんだよ」「自分勝手なんだから」などと丁重に裏で指摘されるのです。

先に述べたおしゃべりの目標は、おしゃべりの参加者がいっしょになって実現しようとするものです。何か腹の立つことがあって、だれかにその気持ちを聞いてもらいたいときでも、上に述べたおしゃべりの目標が優先するのです。相手が楽しみたいと思っておしゃべりをしたいとするならば、あなたのイライラ話はきっと相手の気持ちと、ずれてしまうでしょう。あなたはイライラを聞いてもらいたい、相手は楽しいおしゃべりをしたい。２人の気持ちはすれ違っています。そんなときに、無理なく自分のペースにもっていくことがおしゃべりゲームという理由なのです。自分のペースにおしゃべりをもっていくこと、そのために、じつにいろいろな駆け引きが必要とされるのです。最後におしゃべりをゲームの一種と考えて、おしゃべりゲームが成立するための前提条件と、おしゃべりがもたらす結果について述べてみたいと思います。

言葉のもたらす意味

「おまえは馬鹿だなぁ」という言葉も、前後のおしゃべりや状況によって意味が変わってくることは日常的によく経験していることでしょう。どのような身振りを使って話すかによっても意味が大きく変わることもあります。もしも言葉どおりの意味しか相手が理解してくれないならば、おしゃべりはとてもつまらないものになってしまうでしょう。おしゃべりがスムーズにいくためには、ある言葉を口にしたときに、その言葉が発せられる状況とか、前後の文脈にあわせて意味を読み取ってくれることが期待されています。言葉の意味が的確に共有できるという前提がおしゃべりにはどうしても必要になります。文化背景の異なった外国人とのおしゃべりは、相手が日本語を自由に話せたとしても、言葉の背景にある社会的文化的な文脈を共有できないとスムーズにはいきません。

またおしゃべりゲームで重要なことは、ことばづかいの問題があります。おしゃべりの相手に応じて、ことばづかいを変えるのが面倒くさいと感じたことはありませんか。若い人にとっては、敬語ほど面倒なものはないでしょう。そんな不満をもつ若いあなたも、後輩から友だちのようなことばづかいをされると、少しムッとくることはありませんか。私たちは、相手によって態度をいろいろと変えています。教師に対するとき、両親に対するとき、友人に対するとき、見知らぬ人に対するとき、じつにたくさんの態度を使い分けているのです。社会学的な言葉で言えば、社会的役割を演じているのです。そしてこのことは、ことばづかいとも密接に関係しています。社会的な役割にあったことばづかいをお互いがとることも暗黙の了解のうちに入っているのです。しかし、実際には簡単なものではありません。同じ町内会に同じ会社の課長がいたりするとややっこしいことになります。町会の集まりなどでいっしょになるとお互いに苦労することになります。上司・部下としてのことばづかいと、近隣の知人としてのことばづかいとがバッティングし、奇妙な会話になったりするのです。社会的関係にあわせて、どんなことばづかいが適切かという判断もおしゃべりをスムーズにさせるための必要な条件になります。

　多くのスポーツでは、相手の動きを見て、それにあわせて的確に動くことや、相手の意図を見抜いたうえでそれをはずした行動をとることなどが要求されます。そのために、相手の行動を正確にモニターすることが必要となります。おしゃべりにおいても同様です。実際におしゃべり実験をしてみると、人々がいかに正確にモニターしているかがわかります。おしゃべりの途中で相手をほめてみてください。あなたの気持ちが本当に入っていれば、相手はきっとうれしそうに少し照れながら「そんなでもないわよ」といった反応をするでしょう。でも心にもないことをほめたとしたら「ほめても何も出ださないから……」といった反応を返してくるでしょう。ほめられていやな気分ではないにしろ、あなたの意図を瞬間的に読み取るのです。お世辞かどうかを素早く判断しているのです。テニスや卓球のように、一瞬一瞬油断なく相手の行動と意図とをしっかりモニターし適切な反応をしているのです。

つくり上げられる関係性

伝統の一戦などといって特定の野球チームの試合がクローズアップされることがあります。野球でいえば、阪神－巨人戦などがその一例でしょう。同じ野球の試合なのに、この組み合わせというだけで、プレーする選手も、見ている観客も独特な雰囲気に巻き込まれることがあります。おしゃべりもこれと似ていて、おしゃべりの相手によってそれぞれ独特な雰囲気が生まれます。それは、おしゃべりという相互作用が、両者の独特な関係性をつくり上げていくからです。その結果として、他の人とではないこの両者のおしゃべりの特徴を生み出しているのです。おしゃべりをする2人の関係性は、おしゃべりの前にあらかじめ決まっているのではないのです。2人のなかで、どのようなことばづかいが選択され、どのような会話内容が選び取られるのかによってつくられていくのです。仮に先生と生徒といった関係の2人であっても、友だち言葉が選択されて、趣味の話でおしゃべりが進んでいくとしたら、きっと先生と生徒という役割関係や年齢の差を越えて親しい友人関係といった社会関係がつくられていくと考えられるのです。厳密には、社会関係の変化が言葉の使い方や内容を規定していくようにも見えるし、逆に言葉の使い方や内容が社会関係をつくり上げていくようにも見えることもあります。いずれにしろおしゃべりの結果として関係性がつくられていくのだけは確かなのです。

つくり上げられる目的や共通理解

おしゃべりには、たくさんの動機があると述べました。疲れをとるためにおしゃべりをしたいときもあるし、自分についての情報を知りたいときもあります。おしゃべりのなかで、突然他人の悪口を始めることはできません。そのためにあっちの話、こっちの話としたくもない話をしなければならないことも多いのです。おしゃべりの展開は、こちらの意図どおりに進行するものではないからです。そのことは、テニスがお互いにボールを相手に打ち返しつつも、相手の意図の裏をかくのと同じことなのです。おしゃべりとは、おしゃべりのなかで自分の意図を実現しようとする駆け引きなのです。お互いが同じ動機でおしゃべりをしているときには簡単ですが、２人の意図が異なるときには、おしゃべりの方向性は２人の会話のなかから決まっていくのです。おしゃべりの目標は、一人で勝手に決めることはできなくて、おしゃべりの参加者の協同作業の結果なのです。

また、どのような動機でおしゃべりをするかということと関係なく、おしゃべりをとおして実現しているのは、おしゃべりをしている２人の間に共通な理解がつくられていくということにあります。おしゃべりをとおしてお互いが理解しあえるという意味もありますが、社会についてのとらえ方が共通してくるという面も重要です。何か大きな事件などが起きたとき、私たちはその事件をどのように解釈したらよいのかじつはわかっていないことが多いのです。そのようなときに、おしゃべりをとおして、お互いの社会についての考え方がつくられていくのです。それは、おしゃべりの相手だけではなく、人々が社会についてどのように考えているのかを理解するうえでとても重要なものとなるのです。おしゃべりをとおして、「あーそうなんだ。そんな具合にみんなは思っているのね……」という言い方のなかに、私たちが「わかってしまう」仕掛けが組み込まれているのです。「うーん、〇〇さんは、そんな具合に考えているのか」「でも、必ずしもそうともいえないんじゃないかな……」「そうね、あなたの考え方のほうがあたっているかもね」。社会的なできごとの多くがこんな具合にして意味が付与されていくのです。もともと自分自身とは関係のない社会的なできごとです。しかし、そのできごとについての解釈が釈然としていないときに、その話題をくり返しおしゃべりするなかから、そのできごとについての「正しい」解釈が共同的につくり上げられていくのです。もちろんその解釈が絶対的というのではありません。別の仲間とのおしゃべりでこのことが話題になり、ひとしきり盛り上がるようなことがあれば、改めてその集団のなかで一定の結論ができあがるのです。

つくり上げられる自分

ここまで述べてきたことからも理解できるように、おしゃべりをとおして、社会のことを知り、自分のことを知り、他人との関係をつくっているのです。しかし、おしゃべりのもたらすものは、それだけではありません。最も重要なことは、おしゃべりがあなた自身をつくり上げているのです。あなたが自分だと思っているものは、周囲の人々との相互作用によってつくり上げられているのです。おしゃべりの場で、出したい自分を出しながらも、常におしゃべりの相手から規制されているのです。なりたい自分を積極的におしゃべりのなかで出したとしても、相手の反応によって規制されてしまうといった不甲斐ない自分を感じたことはありませんか。

おしゃべりに関係のある性格特性の一つに外向性－内向性があります。外向的な自分というのは、周囲の人と活発に話をすることができる自分です。しかし、周囲の人と活発に話をするということは、じつはあなただけでできることではないのです。それは、周囲の人があなたに活発に話すことを許しているからなのです。ある集団では「活発な」あなたも、別の集団では「不活発な」自分を発見することがあると思います。あなたが外向的であるのは、周囲との関係で外向的にふるまうことが許されているだけともいえるのです。社会的な性格というものの多くは、おしゃべりをとおして一時的につくられたものにすぎないともいえるのです。一時的という意味は、あなたの周囲とのおしゃべりのなかで培われてきたものであって、あなたの心のなかにだけあるものではないという意味です。おしゃべりという行為によって、少しずつ変化しているのが現在のあなたなのです。

この本を手にしているあなたは、おしゃべりに関心をもっていると思います。しかし、本章の最初に述べたように、おしゃべりはくだらないもの、役にたたないもの、むだなものと思う人が多いのです。そして私自身も含めて、心の片隅で、そのように思っていたのも事実です。本章を読んで、おしゃべりに対して考え方が変わりましたか。私は変わりました。おしゃべりというあまりに日常的な行為であったために、その重要性を十分に認識していなかったことを改めて感じます。世界中で自然に交わされているおしゃべりがこんなにも現在の自分をつくるうえで、さらに言うならば、現在のあなたをつくるうえで、そして私とあなたの関係をつくるうえで重要な働きをしていたことに驚かされます。

しかも、あんなに自由にしていたおしゃべりの背後で、こんなにも複雑なメカニズムが働いていたことにびっくりさせられました。おしゃべりのなかには、テニスの試合のような緊張感に満ちたやりとりがあることを知り、おしゃべりの難しさを再認識しました。

といっても、実際には、私たち一人ひとりは優秀なおしゃべりプレイヤーであるのですから、本章のような議論は実際には意識しなくても十分にやっていけるわけです。

第2章 おしゃべりの行動学

おしゃべりは寿命と関係があるといったら、ちょっとオーバーに思われるかもしれません。しかしこれを裏づける調査データがあります。本書がおしゃべりの本ですから当然ですが、おしゃべりな人ほど長生きをするという結果です。とても大きな差があるのです。世代別に男女の死亡率を対人コミュニケーションの量＝おしゃべりの量との関係で分析した研究があります。60代の男女を例にとると、男性では、対人コミュニケーションが最も多いグループでは約20%の死亡率ですが、対人コミュニケーションの最も少ないグループでは約40%の死亡率であったというのです。ほぼ2倍です。また女性では、この傾向はもっと顕著で、最もおしゃべりをするグループの約10%に対し、最もおしゃべりの少ないグループでは、ほぼ3倍の30%にもなっていました。その人の年齢や性別によって死亡率の水準は当然違いますが、おしゃべりの量と死亡率の関係は、どの年齢層でも同じ傾向にありました（アーガイルとヘンダーソン、１９９２）。おしゃべりをしないとなんとなく気分が落ち込み、おしゃべりをするとなんとなく元気になるという日常の体験からも、この調査結果について「なるほどな」と思わせます。おしゃべりが精神的な健康によいとは思っていても、実際にこのような死亡率の差を生み出すとは予想さえしないのではないでしょうか。「おしゃべりはあなたの寿命を3倍のばす」といったキャッチコピーをすぐ思いつかせるような結果です。

もっともこのような調査結果を読むときには注意が必要です。というのは、もともと体の調子の悪い人は、おしゃべりをする機会が少ないということは十分に考えられますね。だから高い死亡率はおしゃべりが少ないせいではなく、体の調子が悪いからだけなのかもしれないのです。でも私たちのおしゃべりについての日常的な体験から、直感的にこの調査結果を妥当なものと感じさせられるのも事実です。本章では、おしゃべりについてのさまざまな日常的な直感を調査データから検証してみたいと思います。おしゃべりについての私たちの直感が正しいのか、あるいは逆に違っているのかを、やや数字が多く読みにくいものになるかもしれませんが、データに基づいて検証してみましょう。

おしゃべりの調査

人々が一日におしゃべりをどの程度しているかを調べたものがあります。NHKの国民生活時間調査とよばれるもので、1970年から5年に一度実施されてきたものです。調査対象に選ばれた人は、指定された一日の自分の行動を調査票に記入していくという日記式調査です。このなかに「会話・交際」という項目があります。１９９０年から、それまであった「交際」「休養」を廃止し「会話・交際」となりました。その内訳は、「社会参加」「仕事のつきあい」「個人的つきあい」「家族との対話」「電話」「手紙」を含むものです。ですから、純粋におしゃべりの量を示しているとはいえませんが、おしゃべりの量を考えるうえで一つの基準になるデータであることには違いありません。

この調査のほかに、私も参加したものですが、１９９５年から東京大学社会情報研究所で始められた情報行動センサス調査があります。ＮＨＫ調査と同様に日記式で5年ごとに実施されています。生活時間も調査していますが、情報行動そのものに焦点をあてている点でユニークな調査です。情報行動の一つとして「おしゃべり」に着目しているのがすばらしいところです。さまざまな情報行動のなかに「人との会話」という項目が用意されています。具体的には1回10分以上「人と話をする（打ち合わせを含む）」という行動をとった場合に日記に記録してもらっています。これらの2つの調査に加えて、単発的なものですが、私が行なった「おしゃべりとニュース―日常の会話調査―」を利用したいと思います。この調査は、首都圏の5つの大型団地の主婦とその配偶者あわせて９００人におしゃべりの実態を調査したものです。

男と女と、どちらがおしゃべり

さっそく調査結果をみましょう。私たちは、一日にどのくらいの時間をおしゃべりにさいているの

●表2－1　会話の時間（NHK国民生活時間調査）

	平日		土曜日		日曜日	
	行為者率	平均時間	行為者率	平均時間	行為者率	平均時間
全体	24.0	1:31	27.6	2:15	29.0	2:28
男性	15.0	1:33	20.4	2:35	23.7	2:51
女性	32.4	1:30	34.2	2:04	33.7	2:13

でしょうか。NHK調査（表2－1）によると、「会話・交際」をした人の割合（行為者率）は、平日には全体で24％です。土曜日と日曜日には平日よりもやや多くなっています。その人たちが「会話・交際」に費やす時間の平均は、平日1時間31分、土曜2時間15分、日曜2時間28分となっています。

また、男女別でみると、平日の行為者率が男性15％、女性32％と倍以上も女性のほうが「会話・交際」するものが多くなっています。この関係は土、日も同様であり、この結果からみると、「女性のほうがおしゃべり」が多いという「常識」を支えるデータのようです。

次の表2－2は、情報行動センサスの結果です。男性、女性ともに平日の行為者率は32％とNHK調査の女性の行為者率とほとんど同じになっていました。情報行動センサスでは男女によっておしゃべりをする人の割合に差がみられません。男性の行為者率について調査によって差が生まれているのです。この差を生み出した理由は、情報行動センサスでは、「人と話をする」内容として、仕事での打ち合わせなども含んだものであったからです。仕事での会話も、「おしゃべり」のうちという本書の考え方からいうと、情報行動センサスのほうがおしゃべりの実態に近いといえるのです。人と話をする機会という視点からいうと男女の間に差はみられないのです。ただ男性のほうが仕事関係でのおしゃべりが多く含まれているといえるのでしょう。いずれにしろ、一日に10分以上の会話をしている人が全体の3分の1というのはさびしい限りです。もっと多くの人がおしゃべりに参加してほしいものです。

次に、情報行動センサスでの会話時間は、全体で一日約2時間10分です。NHK調査よりやや長くなっていますが、仕事での会話を含んでいるだけ長くなっていると考えられるでしょう。会話時間について男女で差がみられません。

年齢別にみると、行為者率では差がなくいずれの年齢層でも30%台です。とくにどの世代がよく会話をするというものではないことがわかります。しかし、会話時間は、10代から30代が長く（2時間20分以上）、40代以降は短く（1時間55分程度）なっています。若い世代の活発な会話行動と40代以降の不活発な会話行動といえそうです。

職業別では、行為者平均が高いのは、専業主婦、学生（2時間20分台）、ついでフルタイムの勤め人（2時間10分台）、そしてパートおよび無職

表2－2　会話の時間（情報行動センサス）

		行為者率(%) 2000年	平均時間 2000年
	全　体	32.0	2:11
性　別	男　性	32.1	2:16
	女　性	31.9	2:07
年　齢	10代	30.3	2:24
	20代	33.7	2:26
	30代	34.2	2:30
	40代	33.1	1:54
	50代	32.3	2:03
	60代	26.9	1:55
職　業	フルタイム	35.0	2:10
	パート	28.9	1:52
	専業主婦	32.4	2:22
	学　生	30.5	2:30
	無　職	19.8	1:53

（1時間50分台）が最も低くなっています。このパートおよび無職のグループでは、たんに行為者平均の減少だけではなく、行為者率も大きく落ち込んでおり、会話の機会そのものが減少していることが示されています。パートでは仕事中のおしゃべりがしにくいこと、また無職の人々は対人関係が狭まっていることが背景にあるとも考えられます。このように、年齢や、職業によって会話時間や行為者率に差がみられるものの、男女別では会話量に差がみられないのです。

どうやらＮＨＫ調査にみられた「女性のほうがおしゃべり」という常識を支える調査結果は、おもに職場での会話をおしゃべりとしてとらえるかどうかという視点の違いによってつくり出されているようです。

おしゃべりをするとき

純粋に話を楽しむためにおしゃべりをすることも多いですが、「人と話をする」という行動は、他の生活行動とともに現われることも多いものです。何かをしているときに人と話をするほうが多いかもしれません。おしゃべりがどのような生活場面でよくされるのかを示したのが図２－１です。男性では、仕事（44％）、飲食（22％）休息（17％）が高く、女性では、休息（27％）、飲食（24％）、仕事（13％）、身支度（13％）と続きます。男女とも、飲食時に会話がはずむことを示しています。また、男性では圧倒的に仕事場面での会話が多く、女性では休息、身支度時に話をすることも多いよう

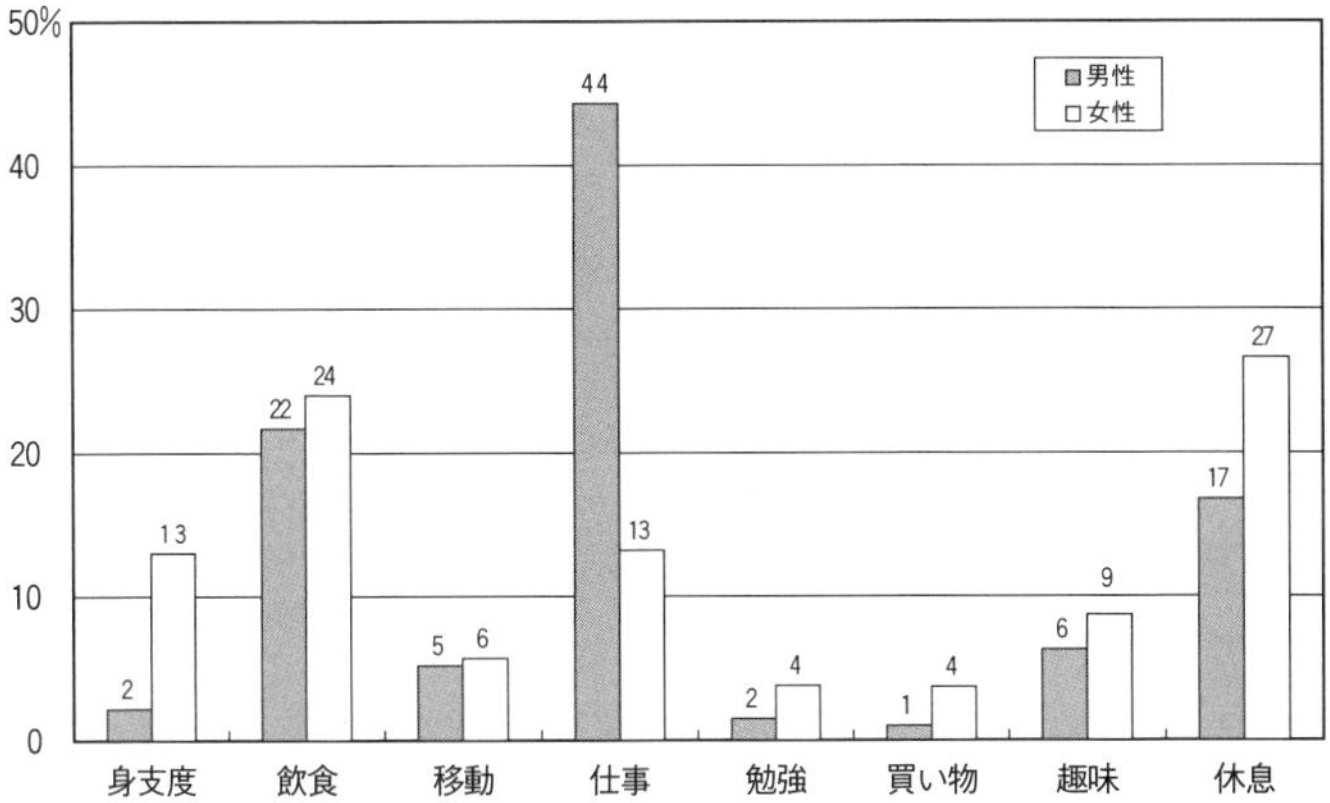

●図2－1　**おしゃべりといっしょにする行動**（情報行動センサス）

です。

次に、おしゃべりをする時間帯を示したのが図2－2です。当然ですが、寝静まった深夜にはおしゃべりをする人は極端に少なく、起床後から急激に上昇し昼食時に最高に達します。社会のなかで最もおしゃべりがさかんな時間帯はお昼時間ということになります。昼食時間がすぎると低下し、15時台に第二のピークを迎えます。その後再び減少し、最後のピークである19－20時台と連なっていきます。その後は急速に減少し深夜の時間帯へと続くのです。

男性のほうにおしゃべりが多いのは、午前9時、10時、そして17時以降24時までです。会社の始業時と、いわゆるアフターファイブは女性より男性のほうが人とよく話をすることを示しています。他方、女性のほうにおしゃべりが多い時間帯は11時から16時までの日中の時間帯です。男性に比較して行為者率のとくに低い時間帯は、午前9時と、夕方の17時から18時です。

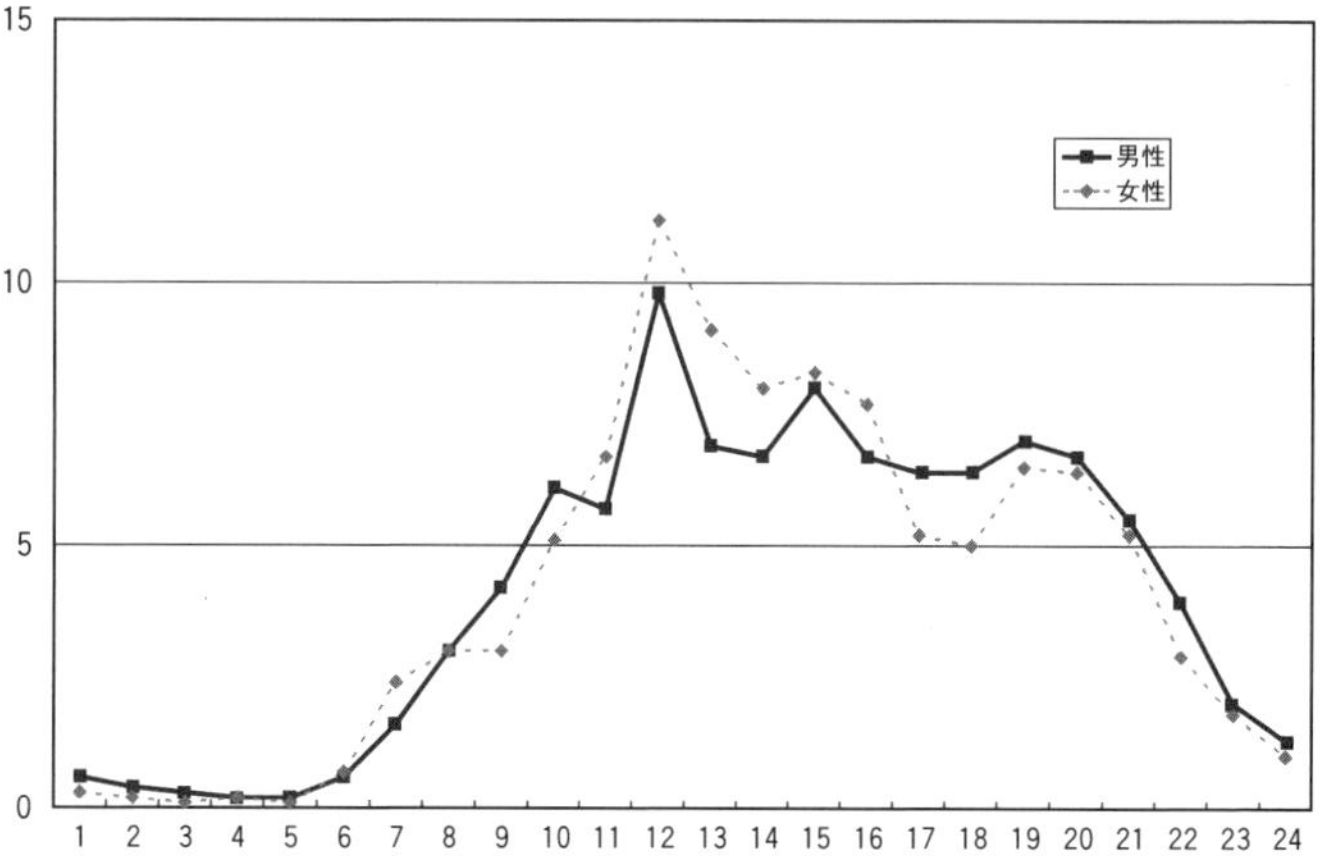

●図2－2　時間別・男女別会話行動（情報行動センサス）

この時間帯に女性はさまざまな家事に一人で取り組んでいることをうかがわせます。このようにトータルとしての会話時間には男女に差がみられないものの、会話が交わされる状況には多くの違いがみられるのです。男性と女性の生活構造の違い、職場中心か家庭中心か、職場での職種・職位の違い、家事や育児の負担の差などが、会話のあり方を規定し、その結果としてここに示したような男女のおしゃべりの差が生まれているのです。

おしゃべりをよくする相手

次に、おしゃべりをする相手について調査結果を紹介しましょう。首都圏の30代から50代の主婦とその配偶者について実施した「おしゃべりとニュース―日常の会話調査―」からの結果です。図2－3は、よくつきあっている仲間のタイプを男女別に示した

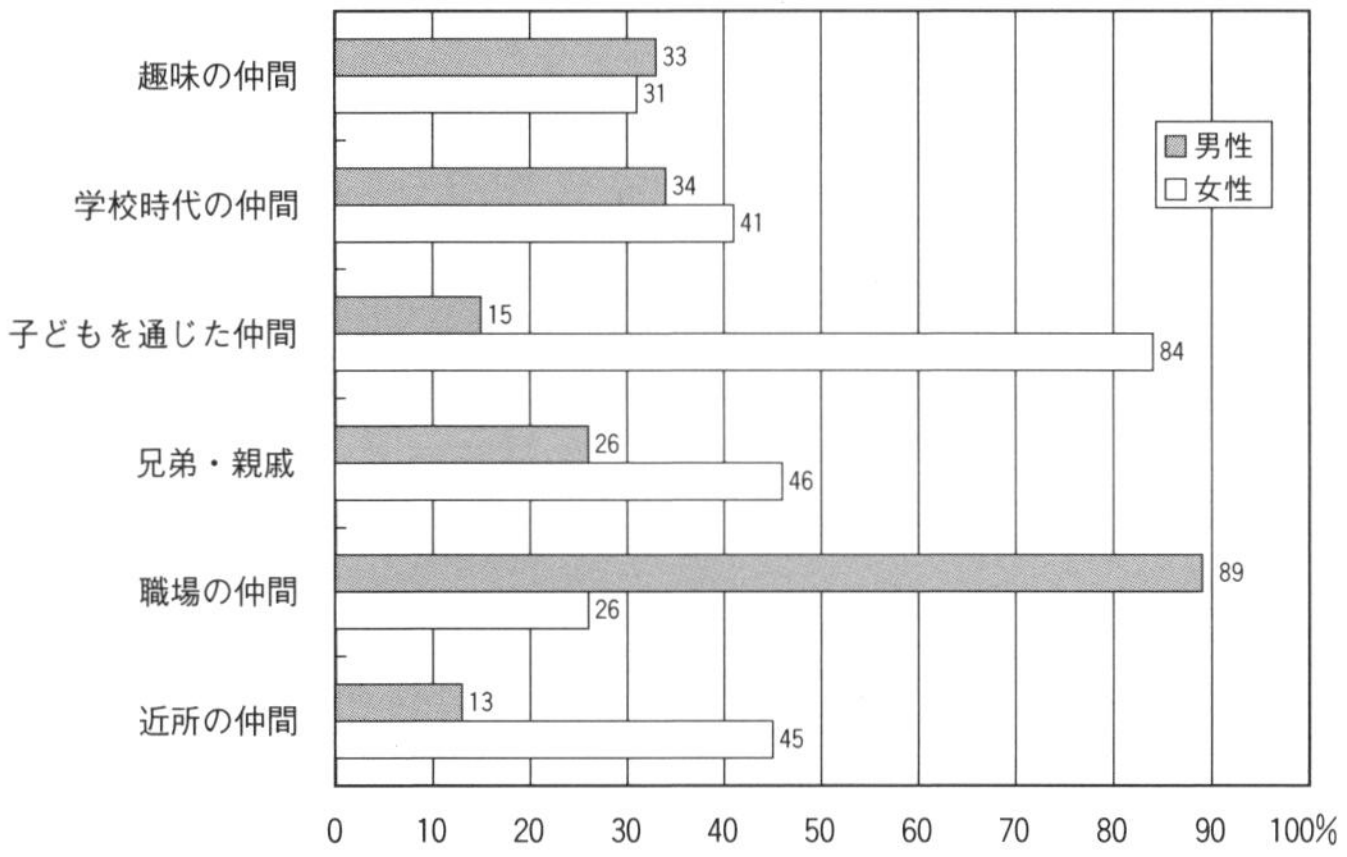

●図２－３　よく付き合っている仲間（川上ら，2002）

ものです。男性は「職場の仲間」（89％）、ついで「学校時代の仲間」（34％）、「趣味の仲間」（33％）です。女性は、「子どもを通じた仲間」（84％）、「兄弟親戚」（46％）、「近所の仲間」（45％）、「学校時代の仲間」（41％）、「趣味の仲間」（31％）と続きます。男性は平均２・２項目、女性は２・９項目選択しています。女性は、子どもを通じた仲間が、また男性は仕事を通じた仲間が断然多くなっています。全般に、女性のほうがいろいろな種類の仲間と付き合っていますが、男性は職場を中心とした付き合いに限定されているようです。

おしゃべりの満足度

この調査は夫婦を対象としたものです。夫婦の会話時間は、一日15分以内が14％、30分以内が26％、30－60分が30％、１時間以上が30％でした。ちなみ

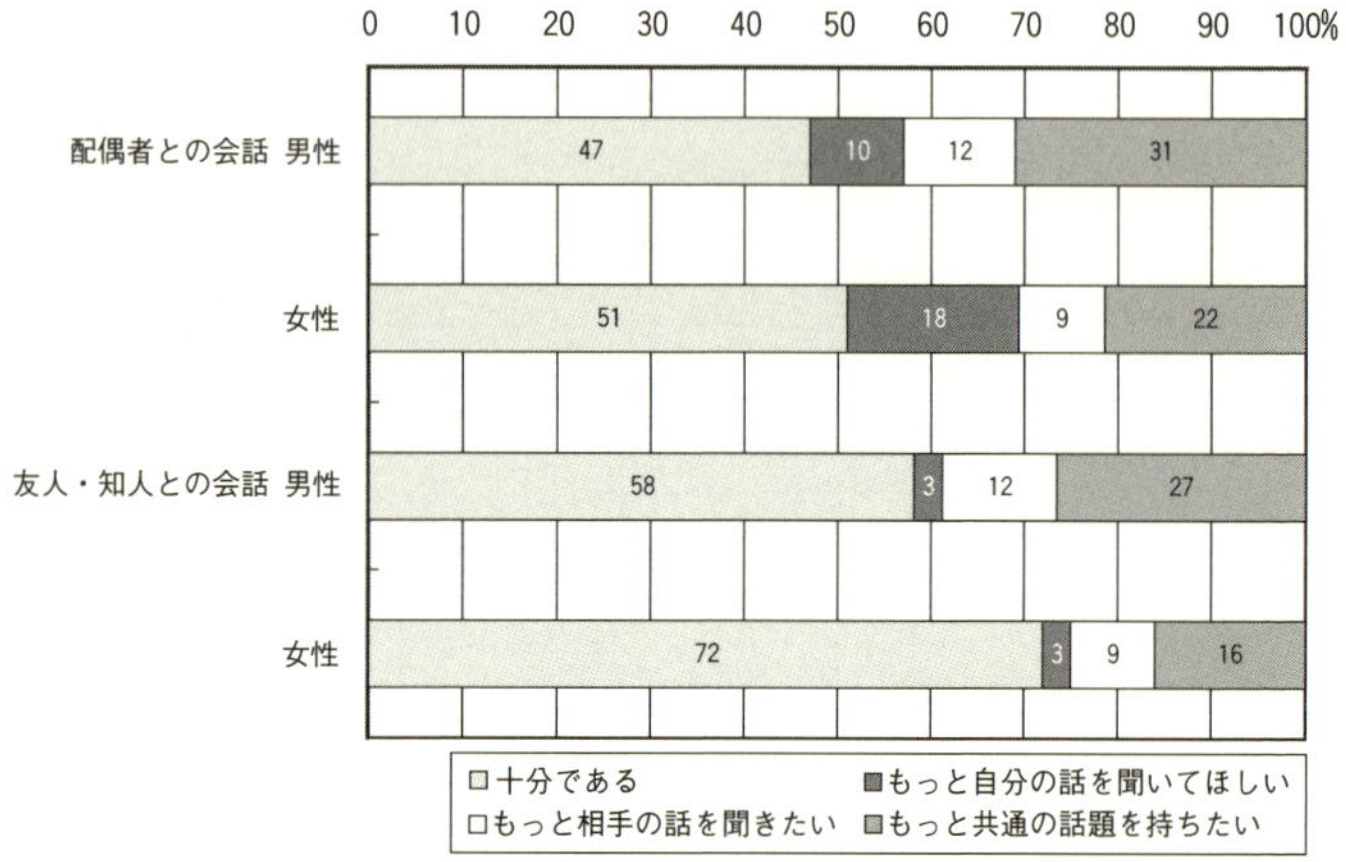

●**図２－４　会話の満足度**（川上ら，2002）

に「ほとんどない」は３％程度です。３分の２の夫婦は一日30分以上の会話をしていることになります。一日30分の会話時間が多いのか少ないのかは別として、会話量についてどの程度満足しているかを聞いた結果を図２－４の上段に示します。配偶者との会話が「十分である」とするものは、妻、夫ともにちょうど半数の50％くらいでした。この割合は会話時間の長いもののほうが高い結果でした。十分であるとする割合がこの程度なのですから、30分程度の会話は、夫婦の会話としては最低限必要であることを示しているのかもしれません。

一方十分ではないと感じている人のうち、女性では「もっと自分の話を聞いてほしい」と思う人が多く、男性では「もっと共通の話題を持ちたい」と答える人が多くなっています。夫婦の会話への不満の原因は、男女で微妙なすれ違いが存在しているようです。

一方、友人・知人などとの会話時間は、男性と女性で大きな差がみられます。図に示していませんが、時間的には女性のほうが男性より多くの時間を割いています。一日に1時間以上友人・知人との会話に割いているのは、男性では19％にすぎませんが、女性では35％に上ります。男性は妻との会話は長いのですが、友人・知人との会話は短いことがわかります。友人・知人との会話量についての満足度は、図2－4の下段に示すように、「十分である」は女性に高く72％です。男性は57％と女性よりは低くなっています。しかし、夫婦の会話の満足度と比べると男女ともずっと高くなっています。また、不満の内容は、男女ともに「もっと共通の話題を持ちたい」が高くなっています。おもしろいことに、友人・知人の場合では、自分のことを聞いてもらいたいよりは、相手のことを知りたい人が男女とも多くなっています。

おしゃべりの働き

おしゃべりについて人々はどのように考えているのでしょうか。実際の調査結果からおしゃべりの効用について図2－5に紹介しましょう。回答者の回答を統計的な分析にかけて整理したところ大きく5つのグループに分かれました。第一のグループは、「人とおしゃべりをすることで気持ちがすっきりする」「おしゃべりをするのはとても楽しい」でした。いずれも女性のほうに当てはまると考える人が断然多いですね。女性に「おしゃべりが好き」が多いのは事実のようです。しかし、男性でも、

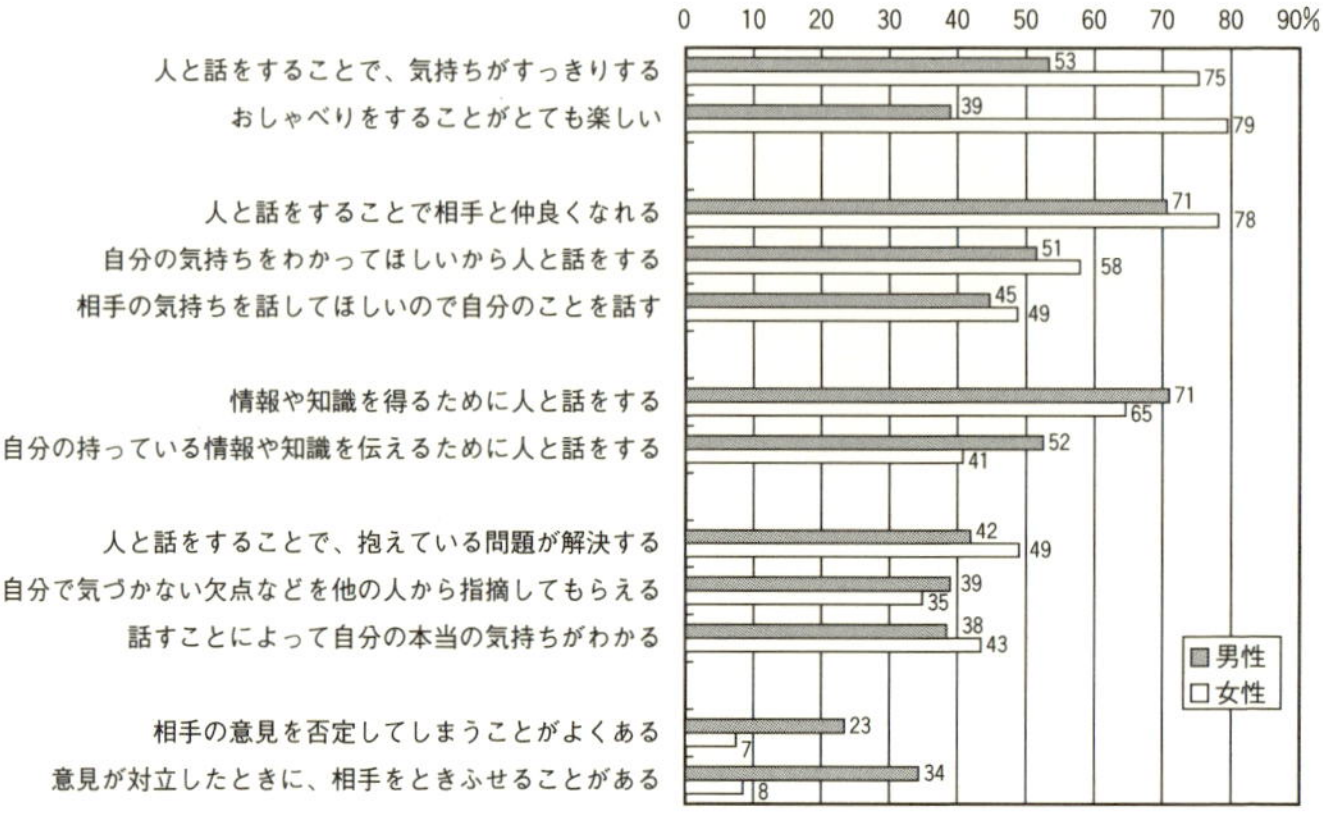

●**図２－５　話す効用**（川上ら，2002）

おしゃべりをすることで気分がすっきりすると答えている人は半数を超えています。これらは、第1章で述べた「自分のためのおしゃべり」にあたるものでしょう。

第二のグループは、「相手となかよくなれる」「自分の気持ちをわかってほしいので話をする」「相手の気持ちを話してほしいので自分のことを話す」の三項目で、おしゃべりの効用として相手とよい関係がつくれるというものです。男女ともに高い肯定率ですが、いずれも女性の方が少し高いようです。第1章で述べた「他人との関係をつくる」にあたるものです。自分の気持ちを伝えたり、相手の気持ちを理解したりするには、おしゃべりが有効であると多くの人が認識していることを示しています。

第三のグループは、「情報や知識を得るため」「自分の持っている情報や知識を伝える」など、情報や知識の共有のためというものです。このグループでは、男性が女性よりも高くなっています。情報を得たり、情報を伝えたりする手段としておしゃべりを考えています。

第四のグループは、「人と話をすることで抱えている問題が解決する」「自分の気づかない欠点などを指摘してもらえる」「自分の本当の気持ちがわかる」など、自分が抱えている問題の解決や自分自身についての理解が進むというものです。男女とも半数弱が肯定しています。第1章で述べた「自分について知りたい」にあたるものです。

最後のグループは、「相手の意見を否定してしまう」「相手をときふせる」などからなり、おしゃべりをとおして他人をコントロールしようとするものです。男女とも少ないですが、男女差がきわめて大きくなっています。男性に多くみられます。

このように、おしゃべりに期待する働きは、男女ともに共通するもの、男性に多いもの、女性に多いものと整理できるようです。男女ともに高いのは、他人との関係をつくるものとしてのおしゃべりでした。また自分についての情報を得るというのも両性に多くみられます。

男性に多くみられるのは、おしゃべりをとおして情報や知識を得ようとするものと、おしゃべりをとおして他人をコントロールするがきわだって高くなっていました。おしゃべりを、情報を得る手段として、あるいは他人をコントロールする手段としてとらえていることを示しているようです。一方、女性で高いのは、おしゃべりがもつ快楽的な側面です。リラックスし、おしゃべり自身を楽しむというものです。女性は、おしゃべりを素直に楽しんでいるということなのでしょう。こんなところにも女性のほうがおしゃべりという印象を与えるのかもしれません。

他人のうわさは蜜の味

おしゃべりにとって、どのような話題を選ぶのかはとても重要な課題です。すでに述べたように「共通の話題がない」ということは会話の満足度を低いものにしてしまうのです。では、どのようなことがらを話題にしているのでしょうか。図は省略しますが、よく話題にするものは、「軽い話題」(女性78%、男性59%)「盛り上がる話題」(女性76%、男性59%)でした。みんなで楽しめる軽い話題、盛り上がる話題が好まれるのです。この傾向は女性のほうが強いようです。話題の選択においても、女性は「楽しめる」という視点から選択されているようです。この二項目からずっと離れて「自分を高めてくれるような話題」(女性30%、男性27%)や「世間の動きについて知ったり、考えたりできる話題」(女性23%、男性32%)など、教養的なもの、社会的なものがあります。さらに、おしゃべりというと必ず問題にされる「その場にいない人のうわさ話」(女性14%、男性17%)も少数ですが存在します。おもしろいことに男性のほうが多くなっています。さすがに全体としては、他人のうわさ話を「よくする」と答える人は少ないようです。

次に、これらの話題のなかから、「人」に関する話題にだけ着目してみましょう。おしゃべりの基本は人間関係にあることは第1章で述べましたが、実際におしゃべりのなかにどのような人が登場す

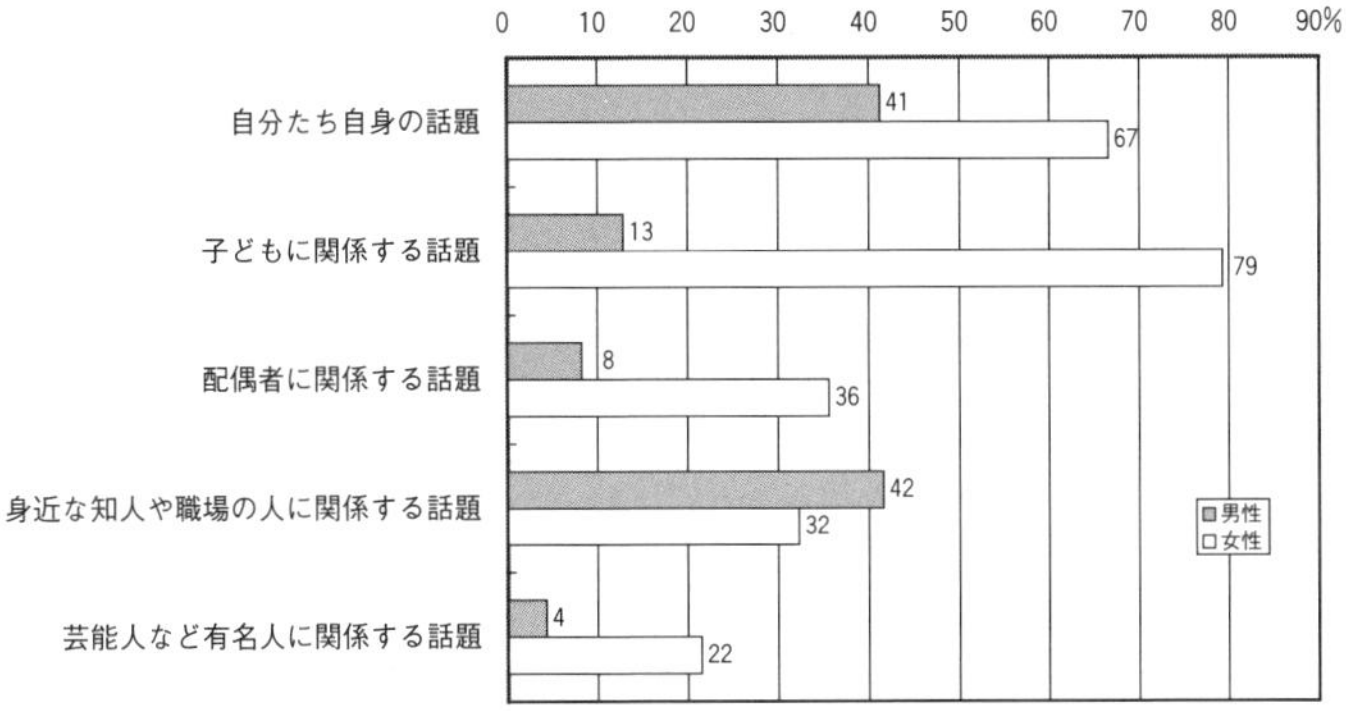

●**図２－６　人に関する話題**（川上ら，2002）

るのでしょうか。図２－６に結果を示します。女性では、「子どもに関係する話題（担任の話とか進学問題）」「自分たち自身の話題（毎日の悩みとか趣味など）」がきわだって多く、ついで「配偶者に関係する話題（配偶者に対する不満とかぐち）」「身近な知人や職場の人に関係する話題（転勤の話やうわさ話）」、最後に「芸能人など有名人に関係する話題（芸能人の離婚とか不倫など）」と続きます。これに対して男性では、「身近な知人や職場の人に関係する話題」が最も高く、ついで「自分たち自身の話題」です。そのほかの項目は、いずれも少なくなっています。男性にとっては「人に関する話題」に限定すると、「身近な知人や職場の人に関係する話題」しか残っていないことになってしまいます。たぶん職場の人が話題の中心になっているのでしょう。これに対して、女性では、「子どもに関する話題」「自分たち自身の話題」が断然多く、自分と直接かかわることがらを話題の中心においていることがわかります。うわさ話から、自分、子ども、配偶者に関するものを除いたもの、すなわち身近な「他人のうわさ」と限定してみると、女性より男性のほうが「他人のうわさ」を多く話題にしていることになってしまいます。

おしゃべりな女性という見方

おしゃべりについての「常識」の一つに、女性のおしゃべり好きというのがあります。しかし、調査データからの結論は、女性のほうがおしゃべりであるとはいえないというものでした。どうして女性のほうがおしゃべりというような印象がつくり上げられてしまったでしょうか。その理由の一端は、NHKの国民生活調査と情報行動センサスの結果の違いに表われていたのだと思います。前者は、おしゃべりから「職場」での会話を除いた時間を調査し、後者は「職場」での会話をも含めていました。職場での「おしゃべり」は、おしゃべりでないという考え方が、調査票のなかに仕込まれていたのです。男性の大部分が職場で働くのに対し、女性の場合は、年齢層によって差がありますが、職場で働く割合が低いのです。さらに、働いている人についても、おしゃべりの自由度の低いパートタイマーの多くを女性が占めているという現実があります。情報行動センサスのように、職場でのおしゃべりを調査に含めると、男性も女性と同じようにおしゃべりをしている実態が浮かび上がってくるのでした。このように女性のほうがおしゃべりという常識に挑戦する結果が得られたのです。

しかし、だからといって、おしゃべりの構造が、男女で同じというのではありません。職場という要因をおしゃべりの世界にもち込むことによって、おしゃべりの男女の差がいっそう顕著になっていくのも事実なのです。といっても、これらの男女の差は生物学的な差異によってもたらされているのではなく、まさに社会的な要因によってもたらされていることに注意する必要があります。フルタイムの仕事をしていない、あるいは子育てや家事の多くを担っていることが必然的に生み出すものであり、おしゃべりする状況が男女で異なったり、おしゃべりする仲間が異なったりさせるのです。不幸なことに、男性では配偶者を除いて（さらに不幸なことに、子どもたちとのおしゃべりからさえも男性は疎外されているのですが）、職場という関係のみが、おしゃべりの唯一の機会を保障するものになってしまっているのです。

このことは、もう一つの常識への挑戦につながっていました。女性とおしゃべりについて流布しているものの一つに「うわさ話の好きな女性」というイメージがあります。うわさと悪口については第5章でふれますが、調査結果は、私たちの常識に反する結果を示しています。「うわさ話」をよくするのは、女性ではなくて男性なのです。たしかに、女性は、自分をも含めて「人」のことを話すことは多いかもしれません。しかし、それらの大部分は、自分と子ども、そして配偶者のことなのです。広い意味で自分のことを中心に話していることになります。自分が一番よく知っている問題を話すことはとても大事なことです。ところが男性は、「身近な知人・職場の人の話題」と「自分のこと」しか話題がないのです。男性にとって「自分」のこととは「職場」のことです。この結果からいうと「他人のうわさ」が好きなのは、男性なのです。職場のおしゃべりを調査対象からはずすことによって「うわさ好きな女性」がつくられたのかもしれません。

おしゃべりは、おしゃべり好きというような個人の性格が現われてくるものではありません。おしゃべりが、どのような状況で、どのような関係性のもとでなされるかによって、おしゃべりの性質が変化するのです。このことは、自分自身のおしゃべりについて反省してみればすぐにわかることでしょう。ある人と話すときは饒舌な自分になり、ある状況におかれたときはうまくしゃべることができない、そんな体験をいやというほどしてきたのではないでしょうか。その理由は、おしゃべりがあなた自身だけのものではないということなのです。おしゃべりを取り囲む状況、おしゃべりの相手の特徴、おしゃべりの相手との関係性などが、おしゃべりに影響を与えているのです。これまでおしゃべりについて、男性の特性として、あるいは女性の特性として語られてきたことがらの多くは、本当の意味での男女差ではないのです。

第3章

メディアのなかのおしゃべり

直接顔を見て話す場面では楽しくおしゃべりを交わせる相手でも、電話で話をするとなるとなんとなくぎこちなくなってしまうことがあります。また逆に電話ならば気後れせずに親しく話せるのに、直接会って話をするとうまくいかないこともあります。このことは、おしゃべりに「メディア」が介在すると、おしゃべりのしかたが影響されることを示しています。その影響はおしゃべりが少しギクシャクする程度であって、おしゃべりの内容そのものを変えてしまうほど大きなものではないと思われるかもしれません。しかし実際には私たちの想像以上に、メディアのもたらす影響は大きいものなのです。ただ、そのことに十分に気づいていないだけなのかもしれません。メディアの影響力を示す一つの例をあげましょう。これはケータイメールを使った例です。

ここ数年、母親とはけんか腰での会話ばかりだった。休暇で長期の旅行に出た。旅先から電子メールで報告をしたところすぐに返事がくる。それで旅行中はまめにメールを出したのである。問題はその後で、東京に戻ってからも、母親からケータイメールがしばしば入るようになった。「今海にきている……」的なものだ。気恥ずかしくてコマってしまう。［大学院生・男性］

このエピソードは、メディアが母と息子のおしゃべりのしかたに影響を与えたこと、さらにおしゃべりの内容にも影響を与えていることを示しています。それだけではなく人間関係のあり方にも劇的な影響を与えたことを推測させるのです。それまでの対立的な関係が、ケータイメールというメディアをとおしたおしゃべりで一挙に解消したのです。息子はとても辟易しているのですが、それまで交わしたことのない内容が母親から語られるようになったのです。このケースでは、ケータイメールというメディアが変化を生み出す原因となったと考えられるのです。

メディアという言葉は、「中間に位置するもの」を意味していて、とくにコミュニケーションの間に介在するものをさすことが多いようです。メディアを広くとらえれば、私たちの声も、顔の表情も、体の動きも、私たちの伝えたいことを相手に伝えるメディアということになります。また本、絵画、写真などもメディアです。現代では、メディアというと電話、ラジオ、テレビ、インターネットなど電気的なメディアをさすことが多くなっています。本章では、ケータイというメディアが、私たちのおしゃべりにどのような影響を与えているのかを中心に考えてみたいと思います。

●表3－1　文字と音声の使い分け（中村，2001）

	文字		音声
その時あったできごとや気持ちの伝達	66.0	＞	21.3
とくに用件のないおしゃべり	40.7	＞	18.2
待ち合わせなどの約束や連絡	52.0	＜	68.0
相手や自分の居場所の確認	32.0	＜	45.0
待ち合わせや訪問などの急な変更	31.3	＜	39.5
帰宅の連絡	14.7	＜	42.6
仕事上の報告、連絡、相談	14.0	＜	37.8
予約・注文	0.0	＜	42.6

ケータイのおしゃべり

ケータイのおしゃべりの特徴の一つは、音声でも文字でもコミュニケーションできるという点にあります。音声によるコミュニケーションのほうは、おしゃべりという点では、ふつうの電話に近いといえるでしょう。しかし文字によるコミュニケーションはおしゃべりといっても文字を書くのですから手間がかかります。しかし、若い人々はメールを使って活発なおしゃべりをしているようです。表3－1は、ケータイのメールと音声をどのように使いわけしているかを大学生に調査した結果です。

この表から2つのことがいえます。一つは、音声が使われるのは、「仕事上の連絡」「帰宅の連絡」「待ち合わせの変更」「予約」など用件を伝えるときに多く選択されるということです。逆に、「そのときあったできごとや気持ちの伝達」「とくに用件のないおしゃべり」ではメールが多いという結果です。本書のテーマの「おしゃべり」は、どうやら音声ではなく、文字で行なわれていることを示しています。ケータイの登場以前には、女子大などで電話利用の実態調査をすると、1時間や2時間の電話は「長電話」のカテゴリーに入りませんでした。5時間以上も電話で話すという人が一クラスに数人はいたものです。当時は音声による電話は、おしゃべりの代表的なメディアだったのです。しかし、今ではケータイのメールにその位置を譲っています。

表3－2　相手によって使い分け（中村，2001）

	文字		音声
たまに会う同性の友人	93.3	＞	6.7
たまに会う異性の友人	98.7	＞	1.3
よく会う同性の友人	84.0	＞	16.0
よく会う異性の友人	84.0	＞	16.0
恋人	47.1	＜	52.9
同居の親	43.1	＜	56.9
別居の親	44.4	＜	55.6

表3－2は、おしゃべりの相手によって音声と文字の使い分けがどのようになされているかを示したものです。友人と友人以外ではケータイの使い方がまったく違うということが読み取れますね。友人では文字によるメールが圧倒的に多くなっています。これに対して恋人や家族では音声が多くなっています。この理由として、親世代がメールに慣れていないということ、また家族との会話内容は連絡事項が多いということがあげられるでしょう。しかし最も大きな理由は相手との関係性の違いにあるのではないでしょうか。自分ととくに親しい関係では、音声によるコミュニケーションを選択し、あまり親しくない関係ではメールを選択していると考えられないでしょうか。友人から恋人への変化は、親しさの変化にともなって、文字から音声のコミュニケーションへの変化として現われているのです。では、どうしてこれほどはっきりとした使い分けが生まれた

のでしょうか。

使い分けが起こった理由

どうして友人とのおしゃべりには手間のかかるメールを利用するのでしょうか。可能な説明の一つに経済的な理由があります。メールのほうが圧倒的に安いから音声からメールにシフトさせているという説明です。しかし、タダ同然に使える家庭の固定電話を捨ててまでケータイを持った若い人々が、安いという経済的理由だけでわざわざ不便なメールを使うとは考えられません。もっと根本的な理由があるはずです。

音声とメールの最も大きな違いは、メッセージを伝えるものが、文字か音声かという伝達のモードの違いにあると考えられます。文字で書くことは面倒ですが、いくつもの利点があります。その一つは実際に送る前に文章を確認できるという点です。大学生の調査結果によると、「メールは何度か読み直し、きちんと伝えたいことが書かれているか確認できる」「返事をゆっくり書くことができるので安心である」と述べられています。自分の伝えたいことを出す前に確認できるというのです。逆に音声の場合には、自分が伝えたいように伝えられていないというもどかしさを感じているのです。恋人とか家族とでは、たとえうまく表現できなくても、わかってもらえるという安心感があるから音声が多く選択されるのでしょう。このようにメールが選ばれるのは、自分の伝えたいように伝えられるという理由があるのです。いってみれば望ましい自己表現ができるということかもしれません。

また出したメールが手元に残るというメールの記録性も理由の一つです。「約束や連絡事項が正確にわかること、記録に残ること」「後から何度でも確認できる点」もメールの利点としてあげられています。約束の場所や時間も記録があれば忘れることはありません。約束や連絡事項ばかりではありません。親しい人からのメールなども大事な「思い出」としてケータイのメモリーのなかにセーブされているといいます。新しいケータイを購入した際にも、大事なメールは古いケータイから移しかえられるのです。このようにメールのもつ記録性があるからメールが選ばれるという側面もあるのです。

さらに、メールであるからこそ伝えられるという側面もあります。「素直な気持ちを言い切るときに使うと便利」とか「電話で直接言いにくいことや、頼みごとなどを言える」という人も多くみられます。逆に「人をほめるのも簡単ですが、逆にけんかしたときなどは言わなくてもいいこともずばずば言えてしまいます」という具合にメールであるからこそ言えてしまうことも多いようです。素直に自分の気持ちが表現できるからメールを選ぶともいえるのです。逆に音声の会話では、よいことでも、もちろん悪いことでも思ったこと感じたことを言わないようにしていることを示しているのでしょう。

このようにメールが積極的に利用されるのは、表現したい自分をメールに書くことができること、書いたものが残ること、さらに、ふだんの会話では表現しにくい自分の気持ちを素直に表現できるなどのメリットがあるからなのです。

文字による表現

しかし、だからといってメールでは、思ったこと感じたことを勝手きままに書けるのかというと、けっしてそんなことはありません。メールであるからこその問題点があるのです。

「クチではうまく言い表わせないことも文章にするとうまく伝えられます」とする一方で、「文字として表わすと、言いたいことからずれてしまう場合もあり、もどかしい」ともいうのです。自分が言いたいことをうまく表現できるという意味では満足感が高いのですが、受け手がメールをどのように読んでいるかについては不安が高いのです。音声では相手がどのように受け取ったかが相手の反応からすぐにわかるのですが、メールではそれが得られないから不安なのです。

「文字だけなので相手の本当の気持ちがわかりにくい」「メールは人の読み取り方で意味が違ってしまう」という、文字であるからこその問題を強く感じているのです。そのために、彼女たちがとっている解決策の一つは、絵文字を異常に多用することにあるのです。

絵文字などをつけないと「怒っているの」と誤解される。何かをメールで頼んだとき「わかった」と書くのと、「わかった(^^)v」という返事ではまったく違うと思う。前者だと機嫌を損ねてしまったかと心配になる。

ここに相手がどのように受け取るかに対する過度な不安がはっきりと読み取れるでしょう。自分としては満足いくメールを出しているのですが、それを相手がどのように受け取っているのかという不安と、どんな反応を返してくれるのかという強い期待をもつのです。ここからメールの書き方を越えて、メールのやりとりについての新しいルールが生まれてくるのです。

新しい規範の成立

ケータイは、もはや身体の一部といってよいほど身近なところにおかれています。ケータイの横には必ず相手がいると考えられます。しかし、実際には、圏外ということもあるし、どうしても出られないときもあります。そこに音声とメールの使い分けの理由の一つがあるようです。音声では、相手の状況によっては出られない可能性が高くなります。また時間的な制約も多くなります。それに対してメールは相手の都合を考慮しなくて安心して出せるという利点があるのです。にもかかわらず「返信がないと不安になる」ことも多いようです。「なかなか返事が返ってこないことがある」「いつまでたっても返事こないと思ったら寝ている人（自分もあるけど……）がいる」と、寝てもいいじゃないかなどと突っ込みをいれたくなるような反応もあります。そのうえ「あまり返事を返してくれない相手だとコミュニケーションが成り立たない……」とまでいうのです。さらに、相手の返事のしかたについて「こちらが絵文字などを大量に使っても、相手が一行とかそっけない返し方をされると不快に感じたりする。しかしメールが苦手な人もいるのだから、それで人格まで否定しないようにしようと思う」というように、メールの世界でつくり上げられている彼女たちの規範は相手の「人格」の否定の一歩前にまで到達しているのです。

メールは相手の都合に合わせられるからよいといいながら、本心では返信を、さらにこちらの思い入れに対応した返信を強く期待しているのです。同時に、自分の出したメールが予想外の影響を与えたのではないかと心配になるのです。

そこから「メールがきたらすぐに返事をするようにしている」という規範ができつつあるのです。しかし、すぐに返さねばならないということが強制と感じられるようになると、とても負担に感じるようになるのでしょう。「メールの最後に必ず『……？』とつけているのは不快です」「『いまなにしてるの？』というメールは答えるのが面倒くさいです」というように、返事をすることが負担になっているのも事実なのです。「メールは簡単に出せる分、他愛のないメールが多くくる。自分が忙しいときは返事をするのが面倒だし、返事しないと文句を言われるし、遅くて文句言われたり、常に監視されているようであまり好きでない」と語るほどになっているのです。

ケータイは、これまでのメディアのなかで最も身体に密着したメディアです。だからこのメディアへの依存は、メディアからの拘束をいっそう強めることにもなるのでしょう。考えてみればケータイの利点は、時間的、場所的な拘束から私たちを解放することでした。いつでも、どこでも、目的とする人とのコミュニケーションができるからこそ、ケータイは普及したわけですが、逆にケータイに拘

●表３－３　大学の授業風景――私語が減ったわけ……

A　今日学校来てる ?!　あたし１限、暇&眠い(>_<)

B　あたしも１限だよー(-_-)

授業つまらなすぎてマジ眠いんだけど、英訳あたりそーで、安心して寝れない…

A　そりゃ大変だ―!!　当たらないといいねっ。今日何か予定ある？　久しぶりにお茶したいなぁ(o^o^o)　話したいことたくさ～ん。

B　まじ、読んで訳すだけの意味ない授業なんだよ。こりゃ日本人の英語できない率を圧倒的にのばす典型的な授業だね(;-_-+

あ、バイト、最近失業しましてですね、今探し中なのよ(_)　だから今日マジ暇人!!

A　じゃあ、今日帰り遊ぼう♪♪　あたしも今、バイト探してるの―時給￥900 以上で何かいいのないかな ?!　帰りお茶しながら、バイト情報誌一緒見ようよ(^O^)

B　時給 900 だったら、いっぱいあるでしょー？　就活前にバイト探しで挫折してるうちら、さえねー ^_^; (笑)

てか今、英訳あたった―あー、あせったー!!　メールしてんの先生にバレたかと思った。

てか、むしろバレてると思うけど、何も言われなかった。セーフ。

A　英訳、、ついに当たったか…お疲れ〃　でも、もう当たらないからゆっくり寝れるね。

いいなぁ～そうだ!!　今週土曜、飲み会あるの(^O^)／　来ない ??　メンツ期待できないかもだけど…

B　だね!!　これでゆっくり寝れるわ(^^)v

お茶も OK だよ♪　飲み会も行きたい(^O^)

あたしもー色々と話したい事たまってるんだよねー。

授業何限まで？　あたし３までだから、終わったら電話するね＼(^O^)／

A　うん、分かった!!　あたしも授業３限まで、電話待ってるね。飲み会&バイト探し、、その他近況を語りましょ♪♪

B　まじ(^O^)

いいね、合コン久しぶりー♪♪　行きたーい！

その話しも又後でね(^^)v　じゃ、寝まーす m(_)m

束されるようになっていくのです。音声とメールという2つのモードは、この意味で対立しているようです。メールは、「相手の都合を気にしないですむ」「相手に悪いと思わなくていいので気が楽です」「相手の都合のよいときに返事がもらえるから授業とか相手が他の人といっしょにいるときでもできる」「取り込み中でも時間を割かれないのでよい」「何か他のことをしながら相手とコミュニケーションをとれる」など相手の都合を考えなくてすむという利点が強調されています。音声をとおしての「おしゃべり」は、相手を拘束します。そのような拘束感を感じずにおしゃべりができるからこそメールという方法が選ばれているのです。大学の授業時の会話を表3－3に示します。大学の授業時というのは、自分自身も、また相手のほうも「おしゃべり」のできない状況に身をおいています。ここでは、身体的な拘束感を越えるものとしてメールが利用されているのです。

嫌われる声

ケータイはいつも身に着けているので、相手の行くところどこにでもついていくのですから、音声による通話は大きなリスクをともなっていることになります。話す場所・話す内容・声の大きさなど配慮すべきことがあまりに多すぎるのです。

「電話をかけるときに『相手がもし忙しかったら悪いなぁ』と時間帯など注意しています」「相手がしゃべれる状態なのかとても気になります」のは当然のことです。また「電車に乗っているときに電話がくり返しかかってくるのは迷惑です。あまりに何度もかかってくる場合は『今電車だから急用ならメールして』と返したりします」というように迷惑を受けることも多いようです。また「私はケータイメールが面倒くさく、つい電話してしまいます。しかし相手は電話に出られる状況でないことが多く（バイトや授業中やデート中）後で反省してメールで用件を送ります」という具合に、音声による通話をみんなが「迷惑」な行為であると認識しているのです。

では、音声による通話はまったく人気がないかというと必ずしもそうではないのです。「急ぎの用事」「居場所の確認」「急な断り」「きわめて事務的な話」などでは、音声が積極的に使われるのは表3－1に示したとおりです。他には、「メールを打つのが面倒である」とか、「説明が長くなりそうな込み入った話」でも音声が選ばれます。おもしろいことに、音声の通話は、心理的に重要な話題に使われるのです。「大事な相談」「悩み事の相談」「悪口」にも使われます。「いつも会わない友だちには、話したいことといっぱいあるので長電話も多い」「自分の気持ちが入っているときには必ず電話を使う」「あんまり気持ちがいっぱいいっぱいになっちゃうとメールじゃ指が追いつかないので電話をしちゃう」など、相手と話をすることが重要と感じられるときには、音声でなくてはならないのです。逆にいうと、メールには本当の「こころ＝感情」を入れにくいと感じているのかもしれません。

相手との関係性

音声が選ばれるもう一つの要因は、相手との関係性です。相手との親しさが音声を選択する要因となります。「親とかおじいちゃんたちには、用事を見つけてでも、定期的に電話する」といいます。もちろん相手がメールを使えないということもありますが、メールでは伝えられない何かが音声では伝えられると思っているのです。「自分が不機嫌なときに電話で話すと態度がばれるので『電話していい』とメールがきても『メールがいい』といって電話を拒否しちゃいます」ということからもわかるように、音声の通話は、自分自身が赤裸々に出てしまうと考えているのです。逆にだからこそ音声である必要も生まれるのでしょう。

音声を選択するもう一つの理由は、即時の反応ということにあります。居場所の確認などに使われるのは、相手が今どこにいるのかすぐに知る必要があったからでした。そのような意味合いとともに、「電話をするのは相手に反応を求めるときで、あんまりうれしくなかったことなどを話して、『そうだよね』と言ってほしいからかける」というように、相手からの情緒的な反応がどうしてもほしいときに音声が選択されるのです。

現在では、音声による電話は、はっきりした用件の通達以外には、ごく親しい人としか使われなくなってきたといってよいでしょう。親しい間であれば、少しぐらいの間の悪さも、相手の反応が見えなくても、声をとおして十分に聞き取れるのです。それ以上に、メールでは伝わらない感情が、あるいは相手との関係性を確認することが容易にできるのです。だから、「メールだけだとさびしいと思ってしまう」という言葉がもれたりするのです。

メディアでつくる私

本章では、ケータイをとおしたおしゃべりについて考えてきました。ひとことで言えば、メディアをとおしたおしゃべりは、直接顔をあわせてのおしゃべりとは、違ったものだということです。さらに、ケータイというメディアをとおしたおしゃべりのなかでも、音声とメールの使い分けが、実際に広く行なわれていることも示しました。その使い分けは、おしゃべりの内容によっても起こるし、相手との関係性の違いによっても起こるのです。さらに、おしゃべりをしている人が今おかれている状況の違いによっても起こっているのです。

メディアの使い分けは、おしゃべりのしかたについて新しい約束事（社会規範）をつくりだしているのです。どのような状況ならば、どのような内容だったら、あるいはどのような関係だったら、音声、あるいはメールを選択すべきなのかについての約束事ができあがっているようにもみえます。メールなり音声なりの表現のしかたについてもいろいろな約束事が生まれているのです。さらに、人間関係のつくり方、維持のしかたと、これらの約束事とは密接にかかわっていることも示しました。

これらの使い分けが起こる理由をいくつも述べましたが、最も重要なことは、どのような自分を表現したいかによってメディアが選ばれているということなのです。どのような自分をどのように提示するのか。どのようなメディアが自分をうまく表現できるのかという選択の結果としてメディアの使い分けが起こっているのです。おしゃべりのなかでどのように自分が表現できるか。その結果として相手がどのように自分を受け止めてくれるのか。それらのことを考えてメディアが選択されているのです。

第1章の最後の部分で、おしゃべりをとおして「つくり上げられる自分」があると言いました。私たちは日常のおしゃべりをとおして自分を表現しようとするのですが、自由に表現できるわけではなくて、おしゃべりのいくつものルールに基づいてしか、自分を出すことはできないのです。そのような拘束の多いおしゃべりのなかで表現されたものが、おしゃべりの相手がつくり上げる「あなた」であって、それがとりもなおさず、あなたにとっての「自分」になるという内容でした。要するに、自分とは、いろいろな人との毎日のおしゃべりのなかでつくり上げられてきたものだということになります。

本章で詳しく述べたように、新しいメディアの登場は、自己表現の方法を拡張しているのです。正確にいうならば、自己表現の拡張につながるメディアだけがおしゃべりのメディアとして成功するといったほうがよいと思います。ケータイメールは、自己表現の可能性を拡大しているのです。その理由は、思うように自分を表現できるからこそ、おしゃべりのメディアとして多用されているのです。

多くの日常のおしゃべりは、「本当の自分」の表現ではなく、相手や周囲のことを気にした「自分」の表現にすぎないという意識があるのです。仮に日常のおしゃべりのなかで「本当の自分」を出したところで、おしゃべりの相手は大笑いしてしまうか、変な人とみられるのが関の山なのです。それに、「本当の自分」を出したりすると、人間関係や職場関係がぎくしゃくしてしまうのは目に見えているのです。自分をおさえているからこそ、うまくいっていると感じているのです。ケータイメールを使ってみて、「本当の自分」を、直接会って話すよりも、また音声で話すよりも、ずっとうまく表現できることに気づいたのです。出したくない自分を出さずに、出したい自分を表現できるのです。現実のおしゃべりと比較して、メールによるおしゃべりは、ずっと自分を表現するのに向いていると直感的に気づいたのです。

広くメディアをとらえるならば、自分の顔面も、自分を伝えるメディアという見方も可能です。女性も男性も望ましい自分を表現するためにとても気を使って生きています。メディアの使い分けの基準の一つは、おしゃべりのなかに望ましい自分を望ましい形で表現できるのかという点にあるというのが本章の結論です。いわば、うまくお化粧のできるメディアを積極的に探し求めているといってよいでしょう。

第4章

インターネットがつくるおしゃべりの世界

新しいタイプの事件や犯罪の報道には、必ずといってよいほどインターネットが登場します。インターネットの物珍しさに注目して報道するといった時期はすでに過ぎています。インターネットが、新しいタイプの犯罪や事件を実際に引き起こす原因となっているからこそ報道されているのでしょう。そのなかでも注目された事件の一つに「ネット自殺」とよばれるものがあります。

2002年10月「東京都練馬区の無職男性（30）がインターネット上で知り合った大阪市内の会社員女性（32）とともに練炭でCO自殺」という事件です。この事件が注目された理由はいくつかあります。その一つはこれまでの心中事件とは大きく異なっていた点です。面識のない人々が、ただ自殺するために知り合って、事件を起こした点が注目されたのでしょう。しかも、この事件を皮切りに翌2003年だけでも十数件もネット自殺が続きました。また性別の組み合わせもいろいろであり、人数も2人に限らず、3人、4人と多様でした。情緒的な結びつきを基本とすると考えられる心中という言葉はこれらの自殺にはふさわしくないと感じられて、ネット自殺とか集団自殺と名づけられたのでしょう。

この事件が社会的に注目されたもう一つの理由は、彼（女）たちがインターネットで知り合ったという点にあります。インターネットが登場する以前には、見知らぬ人に「自殺したい」と口に出すことはありえないでしょうし、そのような人どうしが出会うという確率は限りなくゼロに近いといえるでしょう。自殺したいと表明し、自殺を表明した人どうしが確実に出会うことができるのは、インターネットというコミュニケーションの道具が生まれたからなのです。

かつてマクルーハンは、メディアは人間の能力の拡張という言い方をしました。たとえばテレビは視覚の、ラジオは聴覚の能力を飛躍的に増大させるものだというのです。このような言い方をするならば、インターネットは、私たちの「おしゃべり能力」を拡張するというのが本章の主張です。まず、インターネットが、新しいタイプの「おしゃべり」を私たちの生活に生み出していることを示します。そのうえで、新しいタイプの「おしゃべり」が、マスコミを含めた社会全体のコミュニケーションの流れに、大きな影響を与えていることを述べてみたいと思います。

おしゃべり能力の拡張

前章では、ケータイのおしゃべりについて述べました。それに比べると、インターネットのおしゃべりといっても、あまりぴんとこないかもしれません。しかし、インターネットというメディアのなかには、じつにさまざまなタイプのおしゃべりが存在します。人々の欲求にあわせてインターネットは新しいおしゃべりの道具を現在もつくり続けているのです。そのなかで代表的なもの２つについて簡単に紹介しておきましょう。

インターネットといえばやはりホームページです。ホームページを公開することで、自分の考え、意見、作品などを不特定多数の人々に向けて語ることができるようになりました。これまで不特定多数に語りかける能力はマスコミに独占されてきたのです。マスコミのように多数の人々に向けて話しかけることができるという意味で「おしゃべり能力」の拡張といえるでしょう。

またホームページは一方向のコミュニケーションであり、ふつうのおしゃべりと違って受け手からの干渉がありません。自分が本当に伝えたいことを自由に表現ができるという利点があるのです。最初に述べた「ネット自殺」が可能になったのは、自殺という話題をホームページで語ることができたからでしょう。ふだんのおしゃべりでは話題に上らせることのできない内容についても自由に話すことができるという意味で「おしゃべり能力」の拡張といえるでしょう。

さらにこのおしゃべりの特徴は、多数の人々に情報を届けるというのではなくて、不特定多数のなかから自殺について知りたい人にだけ語りかけることができる点です。情報の受け手のほうがホームページを探し出してくれるのです。情報を必要とする人がみずからの力で検索し「自殺」の情報を手に入れるのです。その結果として、自殺したい人どうしが出会うことが可能になったのです。おしゃべりの話題を必要とする人が探し出すことができるという意味で、「おしゃべり能力」を拡張したといえるのです。

しかし、ホームページのおしゃべりには致命的な欠点もあります。それは、新しく情報を発信したり書き換えたりするのに手間がかかるという点と、また読み手の反応を簡単には得られないということです。おしゃべりのように気楽に相互作用を楽しむことができないということです。

ある意味で、ホームページの対極に、インターネットの電子掲示板があります。ホームページと対照的に双方向のシステムです。最もインターネットらしいおしゃべりのしかたといってよいでしょう。おしゃべりをしたい人が自分のメッセージを書き込みます。それを読んだほかの参加者がコメントを書く。そのコメントに対して、また別の参加者が別の意見を書く。このような連鎖で、一つのテーマについて、あるいは、そのテーマから発展して別のテーマへと話が続いていきます。その規模は、さまざまで、「2ちゃんねる」とよばれる匿名の掲示板システムでは、一週間に244万人（ネットレーティング社、2003・11）もがアクセスしています。その一方で、多くのホームページも相互作用性を補完する意味で小さな掲示板をつけるものも無数に存在しています。もちろん自殺サイトにも電子掲示板がついていました。電子掲示板上でのおしゃべりがあって、「ネット自殺」という行動が行なわれたのでした。いずれにしろこのシステムが、おしゃべり能力の拡大に大きく貢献していることを次節以降で詳しく考えたいと思います。

このほかにも、インターネットには、コミュニケーションの手段はたくさんあります。電子メールはその代表ですし、またメーリングリストといった電子メールの利用者を一つのグループにして、このグループの全員にメールが流れるようにしたシステムなどもあります。また、チャットというシステムもあります。チャットとはもともと「おしゃべり」という意味です。インターネットでリアルタイムにおしゃべりするシステムです。インターネットで「チャットルーム」というおしゃべりをするためのページにアクセスし、キーボードから文字を送ると、その文字がリアルタイムにその部屋のボードに表示されます。この文章を見て、同じチャットルームにいるほかの人がコメントを入力します。このような文字のやりとりをくり返すことでおしゃべりをリアルタイムに交わすシステムです。このほかにも、ブログという電子掲示板とホームページの機能をミックスしたものが流行しつつあります。それぞれのメディア特性については関連する本を参考にしてください。

このように、インターネットのなかには、じつにたくさんのタイプのおしゃべりがあります。対面的なシーンでのおしゃべりと違っていろいろなタイプのおしゃべりを目的にあわせて選択できるという意味で「おしゃべり能力」の拡張ともいえるでしょう。しかし、インターネットがもたらす「おしゃべり能力」の拡張は、これから説明するようにずっと奥が深いのです。以下では、電子掲示板のおしゃべりを中心にインターネットのおしゃべりについて述べていきます。

見知らぬ人とのおしゃべり

インターネットのおしゃべりが、ふだんのおしゃべりときわだって違っている点は、相手が必ずしも自分の知っている人ではないということです。いずれかというと知っている人よりは、知らない人とのおしゃべりのほうが多く、見知らぬ人とのおしゃべりが基本になっているということもできるのではないでしょうか。また、おしゃべり相手の人数は少なくないということもあげておく必要があります。不特定多数の知らない人々とのおしゃべりです。このようなおしゃべりは、日常生活では、そうそうあるものではありません。またあったとしても、おしゃべりが盛り上がるとは考えにくいでしょう。ところがインターネットのおしゃべりは、このような形態のほうがふつうであるし、おしゃべりも盛り上がるのです。

二番めの特徴として、インターネットのおしゃべりは公開されている点です。知らないものどうしのおしゃべりをさらに別の人が見ているという点です。喫茶店での込み入ったおしゃべりを、隣の席の関係ないお客が熱心に聞いているようなものです。つまり、インターネットのおしゃべりには観客がいるというのが基本的な構造です。そして、おしゃべりを聞くことを目的とする人のほうがずっと多いのです。ちょうどテレビのトークショーやバラエティ番組の「おしゃべり」を不特定多数の人々が見ているようなものなのです。多数の人が見ているところでのおしゃべりは、おしゃべりの質を変化させると考えられます。

三番めの特徴として、おしゃべりをしている人々と聞き手の関係は固定的でない点にあります。先に喫茶店の例をあげましたが、親しく話しているおしゃべりに、横の席にいた人が突然割り込んできたらびっくりするでしょう。しかし、インターネットのおしゃべりでは、そのようなことは日常茶飯事です。びっくりされるよりは、歓迎さえされます。インターネットのおしゃべりの観客は、テレビの視聴者のように常に情報の受け手でありつづける必要はありません。おしゃべりに参加したければ、いつでも自由に参加できてしまうのです。このように、観客とおしゃべりをしている人の間には、テレビとは違って、心理的な面を除いて、まったく対等なのです。

このように、見知らぬ人とのおしゃべりというのがふだんのおしゃべりと大きく違う点なのです。

手がかりのないおしゃべり

インターネットでの見知らぬ人は、日常生活での見知らぬ人よりもさらに徹底しています。それは、相手の姿が見えないということであり、同時に自分の姿も相手に見えないということです。相手の姿が見えないのは、多くのメディアを使ったコミュニケーションの特徴であり、見えないという点では前章のケータイも同じことです。しかし、ケータイの場合は知っている相手とのコミュニケーションであり、この特質はかなり弱められるのです。Ａさんからのメールを読むときに、Ａさんについての知識を用いてメールを読んでいるのですから、インターネットとは本質的に違うといってもよいのです。

相手は自分のことを知らないばかりか、自分の姿も見えないということは、おしゃべりにとっては想像以上に重要なのです。私たちの会話では、言語以外の要素が非常に大きな働きをします。性別、姿・体格、容貌、洋服など外部に現われたもの、顔の表情、ジェスチュアなど身体が発するもの、声の質、文字のくせなどコミュニケーションから漏れ出すものが、メディアをとおすことで相手に伝わらないのです。また、相手からも伝わらないのです。このように、コミュニケーションにとって重要な手がかりがインターネットでは欠けているのです。このようにインターネットの「見知らぬ人」というのは、書かれた文字以外には手がかりがない人なのです。

新しい関係をつくるおしゃべり

ふだんのおしゃべりの相手について考えてみましょう。職場や学校の友人、サークルなどの知人、子どもの友人の親、学生時代の友人……。多様な人間関係のなかから、おしゃべり仲間をもっています。そのようなおしゃべりは楽しいし、充実しているかもしれません。しかし、そのような仲間との会話は、十年一日のごとく同じような話題がくり返され、新しい発展を自分にもたらさないかもしれないのです。本当は、もっと種類の違う人と知り合いたいと願っているのかもしれません。あるいは自分の趣味を伸ばす人々と知り合いたいと願っているのかもしれません。しかし、私たちの日常生活では、自分が会いたいと思う人と出会える可能性はきわめて低いのが現実でしょう。

インターネットのおしゃべりは、見知らぬ不特定多数のなかから、自分が会いたい人を見つけ出す可能性をとても高めるのです。インターネットのなかには、ありとあらゆる話題についておしゃべりの場が存在します。語学が達者ならば、まさに国境を越えて世界中の人のなかから会いたい人を見つけ出すことが容易にできます。もちろん努力なしにそのような場にたどり着くわけではないけれど、能動的でありさえすれば、検索エンジンなどで「おしゃべり」の場所にたどりつくことができるのです。

このことは、日常のおしゃべりとインターネットのおしゃべりとを大きく異ならせる点でもあります。ふだんのおしゃべりをいくら積み重ねても、自分のやりたいこと、知りたいこと、話したいことに近づける可能性はとても低いのです。とりわけ、自分がやりたいこと、知りたいことが、社会的な価値観から少しずれている場合には、自分の周囲の人とのおしゃべりは何も生み出すことはないでしょう。これに対してインターネットは、おしゃべりを時間的にも、空間的にも一気に広げたのです。

第1章で述べたように、おしゃべりの働きには集団と、集団としてのまとまりをつくり上げていく機能がありました。インターネットが広げるおしゃべりの輪は、新しい形の集団を形成させることを可能とするのです。他者との関係をつくるというおしゃべりのもつ能力を格段に拡張することになるのです。

気ままに進むおしゃべり

ふだんのおしゃべりと違う点はまだあります。日常の会話のように、順序立てて話し手が交代するとは限らないのです。おしゃべりがずれているのが常態なのです。ある人の発話に対して他の人が答える前に、別の話が始まったりします。おしゃべりのスピードが速いと、最初の人の発話への回答はずっと遅れて登場することもあります。ふだんのおしゃべりに見られるテニスのラリーのようなやりとりはここでは必ずしも必要ではありません。自分が話したい時に、相手のことを考えずに話し出しても一向にかまわないのです。自分の話す順番がなかなかこないということもありません。また、自分の発言に対してすぐに反応がないというのも自然なことなのです。ずれたおしゃべりのために、スムーズに話が進まないと感じる人も多いし、そのためにトラブルになることが多いのも事実です。

しかし、その一方で、ずれたおしゃべりのメリットも多いのです。電子掲示板などでの会話は、相手の発言をじっくり読んでから発言をする。また自分が発言をしているときに相手からじゃまが入るということはない。ふだんのおしゃべりは、相手の発言をさえぎったり、相手に話させないようにしたり、相手の話に耳を傾けるようなふりをしたりするなど、話している間じゅう、相手の反応をモニターしているのです。インターネットでのおしゃべりは、ずれているからこそ、相手の発言を聞き逃さないようにしたり、相手の言外の意味を顔の表情から読み取ったり、聞いていることを示すためにうなずく必要もないのです。おしゃべりをスムーズにするためにいらぬ神経を使うことは必要ないのです。自分のペースでおしゃべりができるので、当意即妙の反応が苦手な人にとっても、考えてからおしゃべりができるのです。さらに、話したくなくなったら、いつでもやめることができるのも、大きな特徴です。このようにおしゃべり相手との面倒なやりとりは、必ずしも必要がないのです。

匿名性ということ

インターネットのおしゃべりは「見知らぬ人」との会話が特徴であると述べましたが、自分のことが相手に知られないこと、すなわちインターネットのなかでの匿名性ということについて考えてみましょう。インターネットの匿名性は、「透明人間」に近いのかもしれません。しかし、空想の透明人間と違うのは、同時に相手も透明人間であるところでしょうか。極端なことをいうと、みんなが透明人間ともいえるのです。言語的なテクストだけが見えている関係は、私たちのおしゃべりに影響を与えないではおきません。インターネットの匿名性には、さまざまなレベルがあります。厳密に考えるとなかなかむずかしいので、ここでは、自分の名前や住所などが公開されずに発言ができるという程度を匿名性がある状態と考えておきましょう。実際には契約しているプロバイダーなどに自分の名前や住所、口座番号、電話番号などが登録されているのですから、完全な意味での匿名性を獲得するのは一般の人にはなかなか困難です。

おしゃべりの相手が自分のことを正確に知らないということは、人によっては透明人間になった気分にさせるのかもしれません。インターネット上で差別発言をくり返したり、商品の売買などで詐欺を働いたり、非合法な取引を行なったりする人が後をたちません。しかし、実際には先に述べたように完全な意味での匿名性を獲得するのは容易ではないので、インターネットの犯罪は検挙率も高いようです。ここでは、そんな非合法な話に興味があるのではありません。自分のことを知られないということのメリットを考えてみましょう。新聞記事における記者の匿名性は真実を安全に発言するための組織的な保障でした。また匿名の投書によって組織の犯罪行為が明らかにされることも可能です。エイズなどの匿名の電話相談システムなども不当な社会的差別を防ぐのに有効に機能しています。名前が明らかになることによって自由な発言や自由な行動ができなくなるということはとても多いのが現実でしょう。これほど重大なことではなくても、匿名性があることで、私たちのおしゃべりは大きく変化するのです。インターネットでは、先に述べた非言語的なレベルでの「手がかりの減少」ということとあいまって、より自由に発言ができるのです。その結果として、発言の内容も大きく変化していくのです。

これらのことは、逆に私たちの日常のおしゃべりが、「匿名性」のなさによっていかに制約されているかを示しているともいえるのです。本当は人に聞いてもらいたいのだが、相手からどんな反応が返ってくるか予想のつかない時には話をしません。人と違った考えや意見をもっても、ふだんのおしゃべりではけっして口に出さないでいるのです。お酒を飲んだ席とか、会社から離れた親しい仲間のなかでとかで、部分的に自分の意見を慎重に述べることはあります。現実の人間関係のしがらみから離れた自由な場所がインターネットに登場しているのです。

自己表現に適したメディア

前章で「新しいメディアの登場は、自己表現の方法を拡張し、自己表現の拡張につながるメディアだけがおしゃべりのメディアとして成功する」と述べました。インターネットのおしゃべりについて自己表現の問題を考えておきましょう。

インターネットのおしゃべりも、ケータイメールと同様に文字によるおしゃべりであって、相手に伝える情報を統制しやすいという利点があります。対面場面では、顔の表情から、声の質や発声、姿勢、あいづち、聞いている姿勢、返答の態度など、自分が表出する情報の一つひとつに神経を払わなければならなかったわけです。また相互作用をスムーズに進行させるためには、自分の出す情報に神経を使うだけではなく、相手が発している情報を正確にモニターする必要がありました。そのようなことに神経を使わないですむだけ、インターネットのおしゃべりは、自己表現に向いているのです。またインターネットの場合には、自己表現の相手が見知らぬ人であり、また自他の匿名性が高いということから、ふだん表明される機会の少ない本当の「自分」を表現しやすいとも考えられます。

さらに、第１章でも述べたように、おしゃべりのなかの自己表現は、あくまでも相互作用のなかの

「自己表現」であり、常に相手の協力が必要になります。もしも、聞き手を無視して自己表現に走る人がいたならば、結局相手から無視されてしまい自己表現できないことになるでしょう。インターネットにおける自己表現では、このような相互作用がずっと少ないのです。その極端な形がホームページでしょう。他者との相互作用を考えずに、自由に奔放に自己表現しても一向に構わないのです。そのような意味では、ホームページは最適な自己表現のメディアといえるのです。インターネットは、自己表現の拡張につながるメディアだと考えられるのです。

その結果として、これまでは口にされることの少なかった話題、奇抜な内容や、社会的に抑圧されていた内容、反社会的な内容などにも光が当たることになります。おしゃべりの範囲が格段に広がり、社会全体の創造性が飛躍的に高まるということが予想されるのです。

おしゃべり能力の拡張

ここまで述べてきたことから、インターネットのおしゃべりが、「ネット自殺」というこれまでにはない事件を引き起した理由の一端を理解していただけたのではないでしょうか。自殺というネガティブな話題で説明してしまいましたが、インターネットの影響力の大きさを説明するのにわかりやすいと考えたからです。ポジティブな側面においても同様に強い影響力をもつのは当然です。

インターネットのおしゃべりの特質は、おしゃべりが見知らぬ人々に公開されている点にあります。

第1章で述べてきたように、おしゃべりは私的な領域のものとして公的な場から常に追いやられてきました。おしゃべりが自由で、何を話しても許されたのは私的な領域であったからでしょう。おしゃべりの内容がおしゃべりの当事者だけのものであったからです。しかし、インターネットは、そのような枠組みからおしゃべりを解放したともいえるのです。私的な領域に押しこめられていたおしゃべりが、インターネットというオープンな世界で交わされ、不特定多数の人々が自由に垣間見ることができる、それだけではなく自由に参加することもできるようになったのです。この点にインターネットのおしゃべりのすべてがあるのだと思います。そして、マスコミ以上の力をインターネットがもちうる理由なのです。

日常のおしゃべりが、現在のあなた自身を形成するうえで果たしてきた役割の大きさについて第1章で述べてきました。おしゃべりが公開されることの意味は、おしゃべりのもつそれらの影響力があなたの身近な世界にとどまるのではないということを示しているのです。あなたが、インターネットのおしゃべりに強く影響をうけるということを意味すると同時に、あなたが、インターネットをとおして見知らぬ他者に影響を与えるということも意味しているのです。もっと正確にいうならば、インターネットで交わされるおしゃべりによって、あなた自身も、そして世界の人々も、ともに影響されるということだろうと思います。

その結果として社会がよい方向に進むのか、悪い方向に進むのかはなんともいえません。はっきりしていることは、これまでの社会で軽んじられていた「おしゃべり」という行為が、インターネットを介在させることによって、社会と私たちとに与える影響力が大きくなったということです。インターネットは、私たちの「おしゃべり能力」を地球的な規模にまで拡張したのです。

第5章 うわさというおしゃべり

「人のうわさ」というと何か後ろめたい気持ちがあるのか、おしゃべりのなかでも一段と低い地位が与えられているようです。多くの人はふだんから人のうわさをしないように心がけていると思います。しかし、実際には、おしゃべりをしているうちに、気がつくと人のうわさになっているという経験を多くの人がもっているからおもしろいものです。

うわさの分類からいうと、身近な人のうわさをゴシップといって、社会的な情報を伝える流言などと区別します。ゴシップの定義は「ある人の資質や行動についてのその場の意見であり、多くは人から聞いたことに基づいている。自分とのかかわりでは、取るに足りないし、とくに重要というものでもない」（Fine & Rosnow, 1978）とされています。要するに他人の資質や行動についてのおしゃべりのことです。ここには、とくに悪い意味は含まれていません。

イギリスの文化人類学者ダンバーは人々が交わす会話のうち30秒以上続いた会話内容を調べたとこ

ろ、3分の2がゴシップだったと報告しています。またアメリカの研究者が大学構内のカフェテラスでの大学生の3分以上続いた会話を8週間にわたって記録し、内容を分析したところ、女性の場合には71%、男性の場合では64%がゴシップだったと報告しています。いずれのケースでも、私たちの会話のほぼ3分の2はゴシップであることを示しています。おしゃべりの多くは、人に関する話題であり、ゴシップから構成されています。後者の研究では、それらが他人の悪口なのかも調べています。結果は、中性的なものが最も多く48%、肯定的27%、否定的25%でした。ゴシップは必ずしも悪口ではないということになります。たしかに日常のおしゃべりをふり返ってみると、ある程度うなずけるのではないでしょうか。もっとも4分の1が、他人を悪く言うゴシップというのですから、十分に多いといえるかもしれませんね。

女性は本当にうわさ好き？

うわさ好きは女性の専売特許としばしばいわれます。男性に比べて女性は人のうわさを好んでするという見方です。先の調査データでも、ゴシップには男女で差がありません。体験的にも、午後5時以降の居酒屋のおしゃべりを観察すれば、男性のほうがゴシップ好きと結論づけることも可能です。女性はうわさ好きという見方についての調査結果があります。表5－1は、女性と男性それぞれにうわさ好きは男性か女性かをたずねた結果です。それによると女性の専売特許という見方は、女性のほうがより強いのです。男性では47%が肯定しているのに対し、女性では、じつに68%が肯定しています。

女性はうわさ好きという信念は性別に関するステレオタイプなのです。しかも男性よりも女性に思い込みが強いのです。女性はうわさ好きという固定観念に、男性はもちろんですが、それ以上に女性自身が強く縛られているのです。

本章では、私たちのおしゃべりの多くの部分を占める「人のうわさ」、そのなかでもとくに「悪口」について考えてみたいと思います。ゴシップのなかで悪口は4分の1を占めるにすぎないというデータに対して、悪口はもっと多いのではないかという感覚をもちます。その理由は、悪いうわさのほうが印象に残りやすいということもありますが、悪口が、他人に対してはもちろんのことですが、自分自身に対しても強い影響力をもっているからなのです。だからこそゴシップ＝悪口という認識をもつに至ったのです。悪口の影響力を考えてみましょう。

表5－1　人のうわさは女の専売特許

(Guendouzi, 2001)

	女　性	男　性
女だけがする	67.6%	47.3%
誰もがする	31.3%	47.3%
不　明	1.1%	5.4%

悪口のはじまり

悪口で盛り上がっている部屋に、悪口を言われている本人（ターゲット）

が突然入ってくることがあります。あるいは、この人には話しても大丈夫と思って話した内容が、悪口を言われている本人に流れてしまったなどということもあります。「壁に耳あり障子に目あり」ということわざのように、悪口の内容はもれやすいものなのです。悪口を始めるのには細心の注意が必要です。

最初に悪口の始まり方について考えてみましょう。

最初に述べたように、おしゃべりをしていたら、いつのまにか人の悪口になっていたことが多いのではないでしょうか。自分では悪口を言うつもりではなかったのに、気がつくと悪口が始まってしまいます。それには訳があります。「悪口」は入念に計画されて始められるのです。

自分で悪口を言うと、後で都合が悪くなる場合があるので、なるべく悪口を言わないようにしています。しかし、どうしても言いたいときもあります。そこで私は自分で言うのではなく、人に言わせるようにしています。悪口を言いたい人のことを少し悪く言って、けっして自分の強い感情を示さず、「あの人こまっちゃうよね」などとさりげなく言うだけにします。するとなぜか相手のほうから悪口を言ってくるのです。そうなれば……。

こんな具合に悪口はあなた以外の人によって計画されているのです。悪口をさかんに言っている人に自覚がないのは当然なのです。自分から始めようとはまったく思っていなかったにもかかわらず、相手に誘導されて悪口が始まってしまっているのです。

先のケースでは、悪口をしたかった人は、自分から始めるのはまずいなと思って慎重に計画したのです。しかし、悪口を開始するのに慎重になる理由は、相手がうわさのターゲットに対してどのような感情をもっているかがわからないからです。もしも相手がターゲットと親しい関係だったりすると、悪口が当の本人にもれてしまう恐れがあるからです。もちろん最初から自分と同じ感情をもっていることがわかっているならば、悪口の開始にはそれほど神経を使わなくてもよいのです。

悪口を言うときは、はじめに嫌いな人の名前を出し、「どう思う?」と聞く。相手が自分と同じことを言ってくれると、「きたきた」と思いながら、私の悪口の世界に引き込む。相手がとくに何も思っていないときには、「そうね……」とか言って話題を変える。

悪口を開始するためには、まずだれのことを話すのかというターゲットの確認をし、ついでターゲットの評価を行なうというプロセスが必要です。先の例でいえば、嫌いな人の名前を出すことがターゲットの確認であり、どう思うのかというのがターゲットの評価のプロセスです。だれについての悪口なのかということを確認し、さあ悪口を始めましょうという段取りです。ここのところを見境なく始めてしまうと、あなたは周囲の人から「悪口を言いふらす」人と烙印を押されてしまうのです。できれば、自分から悪口を開始したのではなく、実際に悪口を言い出したのは相手のほうであるという形式をつくり上げられれば最高なのです。相手のせいにできなくても、せめていっしょに悪口を始めたという共犯関係だけは成立させておきたいのです。

悪口の発展

楽しい悪口を発展させるには、それなりのポイントがあります。悪口コミュニケーションにおいて最も重要なファクターは「聞き手」でしょう。

悪口を切り出したのに、黙って相槌も打たないで聞かれると、すごく不安になります。友だちの一人にそういう子がいて、その子に悪口を言ってもすっきりするどころか、かえって欲求不満になるので、最近彼女には悪口をもちかけません……。

このように悪口には、よいパートナーが絶対に必要なのです。積極的に話に加わらず悪口を言い合う状況を冷静に観察しているような人が一人でもいると悪口は盛り上がらないでしょう。悪口の参加者として必要なことは少なくとも黙ってうなずいて聞くことです。しかし後になって「自分は聞いていただけで悪口なんかいっていない」なんて言い訳は通用しません。黙ってうなずくだけで立派な共犯者に数えられます。だからといって、先の例のようにうなずきもしないで聞くことは「嫌われ」ることになるので多くの人は表面的に話をあわせてくれるのです。

悪口は相手が同意してくれなかったらどうしようと思うとためらってしまいます。でも悪口を切り出すと、たいてい相手は同意することが多いと思います。たとえそう思っていなくても表面上、話をあわせてくれることが多いような気がします。

表面上、話をあわせてくれることが多いのは、相手が自分を信頼して悪口を語ってくれているのですから、相手の気持ちと違う反応をしたら気の毒だと配慮しての結果なのです。本心と関係なく話し手の気分を害さないようにあわせてくれるのです。悪口コミュニケーションにおいては、相手の悪口に同調するように習慣づけられているのです。知らない人からあいさつされ、「こんな人知らない」と思ってもとりあえずあいさつしてしまう、そんな感じなのです。このことが、悪口の大きな問題点となります。実際以上に悪口への同調を生み出してしまうことにつながるのです。

その場にいる人がみなその悪口を共有することで盛り上がることが多いと思います。その人のことを悪く思っていなくても、盛り上がるのを妨げないように、むりに悪いところを探したりすることもたまにはありました。

いわば悪口を言わないことが悪いことに感じられるまでに盛り上がり、一生懸命悪口を言ってしまうのです。このように悪口が始まると、最初の発言をサポートする、もっとひどい話を見つけ出してくる、悪い感情をはっきりと示す、誇張して言いかえるなど、悪口を盛り上げる発言がみんなから好まれるものになってしまうのです。

しかし、悪口に参加したくない場合も多いと思います。周囲の人の不快をかわずに悪口コミュニケーションに巻き込まれないようにするのは、意外に簡単なことなのです。これまでの事例にあるような悪口の開始のテクニックに乗らなければよいのです。ターゲットの名前が出され、その人の評価が語られたときに、「うーんそうは思わないけどな……」とか「あの人のこんないい話も聞いたけどな……」などと述べればよいのです。すると相手はすぐに話題を別のほうにもっていきます。「えー、そんなことはないよ。あの人は性格がねじれているんだから」などと悪口を続けることは少ないでしょう。もしも強引に悪口を続けるならば、悪口を言う人という烙印を押されても弁明できなくなります。多くの場合おしゃべりは悪口にならず、また相手を傷つけることなく自然に別の話題へと流れていくのです。

同じサークル内の男の子の悪口を彼女に言ってしまったのです。2人は付き合っていることを秘密にしていたため、知らずに話をしてしまいました。その子も「そんなことないわよ!」とか言ってくれればよかったのです。彼女も秘密があったために、彼氏をかばうことができず、にこやかにうんうんと言って聞いてくれました。3か月後、交際が発覚して以来、気まずい関係が続いています。

この例でも、的確に「チャレンジ」することで友人を失うという不幸を回避することができたはずです。最初の段階でチャレンジすればよかったのです。悪口が始まってからでは遅すぎます。悪口の終わりのほうで「でも、みんなの言い方ひどすぎない。あの人は、そんなに悪い人じゃないわよ」などと言おうものなら袋叩きにあうことを保障します。チャレンジは、最初にすべきなのです。

悪口の働き

私たちが人のうわさをするのは、単純にその人をおとしめて楽しんでいるだけではありません。人のうわさをすることは、とても重要な社会的な働きをしているのです。けっして役に立たない、つまらないことをしているのではなく、私たちの社会を動かすような重要な働きをしているのです。人の悪口が、どのような働きをしているかを考えてみましょう。

〈情報の共有〉

ゴシップはニュースです。そしてゴシップの交換は、集団が情報を共有するためには、必須なことがらです。企業においても、もちろん身近な集団においても、そのなかで起こるさまざまな事件についてゴシップが教えてくれるのです。もっと正確には、ゴシップだけが教えてくれるのです。

バイト先で仕切っているフリーターがいて、内心いやだなと思っていたら、じつは他のみんなも嫌っていて、よくないと知りつつ、バイト後、その人が帰ったあとは悪口の言い合いで盛り上がっています。しまいには、最近店長とそのフリーターは不倫しているのでは……というネタで盛りあがり（実際に２人は怪しい！）バイト後がいつも楽しみです……。ばれたらみんなクビでしょう。でもやめられない。

この事例から、ゴシップについて、いくつもの重要なことがらが読み取れます。一つは、ゴシップをとおして、社会的比較のための手がかりを得ているということです。ゴシップをすることで、自分の周囲の人がどのように考えているかの情報を手にするのです。外面的なことであれば話さなくても情報を手に入れることができます。しかし、周囲の人々が何をどのように考えているのか、どのように感じているのかは、話すことでしか理解できないのです。さらに自分の考えていたことがらの妥当性をゴシップの交換をとおして確認するのです。このことは、想像以上に大きな意味をもっています。身近な他人について周囲の人がどのように思っているかは、このようなゴシップの交換をとおしてのみ知りうるのです。

さらに、ゴシップの交換によって、彼女は、「フリーターと店長の不倫」というスキャンダルを手にしたのです。私たちは、遠いアメリカの大統領の性的スキャンダルは、マスコミをとおして簡単に知ることができます。しかし、身近な職場のスキャンダルは、マスコミからは情報を入手できません。ゴシップの交換によってのみ入手可能なのです。先の事例ではゴシップの輪に入っていなければ、このスキャンダルについて知ることはなかったでしょう。職場やサークルなどでうまく生きていくためには、そこで起こっている事件について正確な情報を入手する必要があります。あなたの人生に直接影響を与える身近な情報はゴシップからしか入手できないのです。

また、ゴシップで得られた情報には交換価値があります。情報社会では、情報を多く発信する人にはより多くの情報が集まるといいます。その理由は情報には交換価値があるからです。会社で他の部署の情報を入手するためには、自分の知っている情報をふだんから相手に話すことで獲得できるのです。社会的交換においては、金銭のような働きをゴシップはするのです。

〈内と外をつくる〉

職場のなかに派閥といったものが生まれると、必ず他の集団に属する人についての悪口が語られます。その悪口をメンバーと共有できるということは、とりもなおさず、仲間の一員であることを認めてくれているということを意味しています。また、その集団での悪口を含んだおしゃべりの交換をとおして、自然とその集団のなかでの行動様式を学んでいくことでもあるのです。要するにその集団がもっている考え方や行動様式を内面化していくのです。

転校先のクラスにグループの派閥があり、転校直後に「どっちに入るの」などと言われ他のグループの悪口を聞かされました。最初はびっくりしたけれど、そのうち自分も悪口を言うことで、グループとの密接度を上げたような気がします。

このように対立する集団の悪口を共有することをとおして、集団の一員として迎え入れられ、他のメンバーと同様に積極的に対立する集団の悪口を言うようになります。そのことで彼女の集団のなかでの位置はより強いものになっていくのです。しかし、悪口は対立する集団にだけ向けられるものではありません。

しましょう。

〈内なる権力闘争〉

悪口の働きは、外に向かうだけでなく、集団内にも鋭く向けられています。まず一つの事例を紹介しましょう。

小学生のとき5、6人のグループで、一人リーダー的存在の子がいたのですが、ある日その子がいないときの会話……

A：「Xちゃん（リーダーの名前）のこと好き？」（何気なく）

全員一瞬沈黙してまわりをうかがう。

B：「私あんまり好きじゃないかも……」

C：「何かいつも仕切るよね」

D：「私嫌い」

他：「私も」「私も……」

ということで、その日以来、力関係が逆転しました。私はその子のこと嫌いじゃなかったので、一瞬で仲間内の価値観が変わったことにとても驚きました。

悪口の共有が身近な集団の力関係を一瞬のうちに変化させたのです。この後、元リーダーは仲間から無視されることになります。まさにクーデターが起こったのです。自己中心的で何ごとも支配したがるリーダーは、大人の世界と違ってその権力を維持する制度的なサポートはありません。一瞬のうちに、悪口によって制裁されてしまったのでした。私たちは、このような悪口のもつ力を無意識に知っているのでしょう。このような制裁が自分に向けられないようにするために、他人の評判を常に気にしておく必要があり、同時に仲間のなかでの悪口への同調も必要になるのです。

〈社会規範の強化〉

悪口は、じつは自分の願望の投射であるという見方があります。女子大生のなかで悪口の対象になる一つのタイプは次のような人です。

クラスに一人は男と女の前では態度がまるで違うブリッ子女がいますが、その人について女どうしで悪口を言い合うときに「うらやましい」という気持ちがやっぱり少しはあると思います。私もそのように得をしたい。でも、同性にいろいろと言われるのはいやだからできないという思いがあるのでしょう……。

このタイプの悪口は、ブリッ子女に対する願望が投射された結果として悪口になるという見方もできます。うらやましいという気持ちはあるけれど、そんなことしていいはずがないという気持ちもあるのです。男性との関係はどうあるべきなのかという規範から、このブリッ子女ははずれていると考えられるのです。そのように考えるのは私だけではないことは、みんなも同じように言っていることからも明らかなのです。このように悪口の基本には、自分たちが守るべきと考えている規範からはずれた行為が槍玉にあがるのです。彼女たちは、合コンが終わった後に、ひとしきり合コンのことを話題にしますが、必ずブリッ子女をターゲットにしておもしろおかしく悪口をいうのです。

このような行為は、一つはブリッ子女に対する制裁という意味もありますが、同時に、悪口を言っているメンバーが、そうしたいとしても異性の前で態度を変えるような行動はとるべきでないことを誓い合っているともいえるのです。結果として、そのグループのなかに、異性の前でのふるまい方について暗黙の規範が強化されるのです。

悪口といじめ

小学校のときの「悪口」のすごさは、筆舌につくしがたいものがあるといいます。逆に小学校の時代の「悪口」から多くのことを学習した結果が、大人の悪口文化をつくり上げているともいえそうです。小学校時代は子どもたちが社会性を身につける最も重要なプロセスにあたります。そのプロセスで重要な働きをしているのが、じつは悪口なのです。

小学校は〝悪口〟の毎日だったような気がします。そのターゲットは常に変わり、悪口から、無視、いじめとして発展していきます。そしてある域を越えると次の人という感じでした。私自身も仲間についていくために、毎日のように悪口大会に参加していました。小学生のころの悪口は自分を守るためだったのではないかと今思います……。

小学校のときには、友だちと遊ぶというと、だいたい特定の子の悪口を話していました。今思うと性格も悪く悪口を言われてもしかたない子だったと思いますが、同じなかよしグループの一員でした。付き合いが悪くいっしょに遊ばないのが致命的だったのか、いつもその子がいないときには、ボス的な子が言い出しっぺになって悪口を言っていました。

小学校に入った子どもは、周囲にあわせることなく自己を主張します。だから、だれもが悪口の対象になりうるのでしょう。ひとしきり悪口をいうと飽きて次の対象へと悪口は移っていきます。小学校時代は、おしゃべりのもつ荒々しさが最も鮮明に現われているのです。

しかし、そのような悪口も高校、大学と進むにつれて劇的に変化します。たぶん悪口の対象にならないようにする知恵を身につけるからでしょう。同時に、複数の集団に所属することで付き合う世界が広くなるのもその理由の一つでしょう。嫌いな人々と付き合わないですむようになると悪口は急激に減少するようです。

悪口は楽しみ

最後に、悪口の最も大きな働きについて述べましょう。それは自分自身についての効果です。カタルシス効果といい、抑圧された感情や葛藤を口に出すことで心のなかにたまった緊張がとける働きです。悪口の出発点は、他者の行動に対する不満でした。そのような不満を言わずにいるのはとてもつらいようです。

悪口を言わないでいるとストレスがたまっていき、自分のなかで何かが破裂しそうになってしまうような気がします。童話で穴をほって王様の秘密を吐き出すというものがありましたが、そうでもしないと気持ちがおさまらないといった感じです。

おしゃべり全般にいえることですが、悪口は、とくにカタルシス効果が強いのです。他者をおとしめる行為が、自己の緊張の解消につながるという構造は、悪口という行為のイメージをいっそう悪いものにするのです。だから悪口を言った後の反動も大きいものがあります。

人の悪口を言っているときはなんだか盛り上がって楽しかったけれど、いざ自分が言われていることに気づいたら、なんだかとても悲しい気持ちになって悪口を言うものじゃないと思った。

と述べています。もっともこのような反省は長くは続きません。また気がつくと悪口で盛り上がる自分を発見しているのです。

うわさというおしゃべり

授業で「悪口」が好きな人と手をあげさせると、素直でちょっとおっちょこちょいな人だと思いますが、つい手をあげてくれる学生が1人か2人はいます。しかし、授業の課題として自分の悪口体験について書いてもらうとじつにたくさんのコメントが集まります。本章では、それらの事例を利用させてもらいました。いろいろな悪口体験が集まりますが、そのなかでも小学校時代の悪口についての記述はきわだって生き生きとして、しかも豊富でした。現在でも小学生の日常生活において本章で述べたような多様な働きを悪口は果たしているのです。もちろん大人社会においても、悪口の果たす働きについては同様です。

マスコミが発達する以前の社会は、ちょうど現代の小学校のように悪口によって社会が動いていたのかもしれません。そこでは、悪口が現代のマスコミのように情報を伝える役割を果たし、さらには他人の行動に制裁を与え、みずからの規範を形成し維持強化する役割をも果たしていたのです。ところが、マスコミの登場によって、情報を伝える役割をおしゃべりから奪い、さらに他者へ影響を与える役割を悪口から奪ったのです。そして、マスコミは第四の権力とよばれるような強大な権力を獲得し現在に至っているのです。

しかし新しく登場したマスコミの力に幻惑されて、その背後で働いていたおしゃべりの力を私たちは完全に見失ってしまいました。マスコミのもつ情報を伝える力にしても、じつはマスコミから情報を聞いた人がおしゃべりによって次の人に伝えるというプロセスがなければけっして広く速く伝わることはないのです。この点については前書「うわさが走る」に詳しく述べています。マスコミの情報伝達の力の背後には、おしゃべりの力が働いていたのです。

またマスコミが世論形成に果たす影響力の大きさについても、同様なことがいえるのです。マスコミがこのような影響力をもちうるようになったのは、マスコミが権力者を含めてさまざまな人々の悪口を伝えたからなのです。それまでは、小さなコミュニティでの悪口であったものが、地域を越えたスキャンダルになったからなのです。悪口のもつ影響力を十二分に発揮することでマスコミは力を獲得したのです。しかし、マスコミが伝えるスキャンダルが力を獲得するのは、私たちがそのスキャンダルを語るということが必要なのです。メディアが伝えたから力があるのではなくて、私たちがおしゃべりするから力が生まれるのです。要するに、メディアが伝えたスキャンダルを、メディアの受け手である私たちがおしゃべりのなかに取り込んだときに、スキャンダルは世論となり、社会を動かす力となるのです。この点については第8章で詳しく考えてみたいと思います。

マスコミのもつ力の源が、私たちの悪口のおしゃべりにあったとするならば、前章で述べたインターネットというメディアは底知れぬ力をもつようになるかもしれません。インターネットは私たちのもつおしゃべりの力を拡張するものだからです。

第6章

口コミというおしゃべり

口コミの力をすごいなと感じるときがあります。商品として販売されるのではなくて、人から人に伝えられて広がっていくものがあります。数年前に京都大学の先生がカスピ海から持ち帰った醗酵菌をもとにつくられるカスピ海ヨーグルトなどがその一例です。発酵菌の入ったビンとつくり方を書いたコピーされたレシピが、人から人へと伝えられ、日本中に広がっていったのです。昭和48年ごろには紅茶きのこという奇妙な健康食品が流行したことがありましたが、それとそっくりなのです。ただ当時と今回とでは、インターネットを検索することで、カスピ海ヨーグルトのつくり方や効用、それに入手の方法などが簡単にわかるということでしょう。両者とも、口コミによって市民権が得られたあとで、マスコミが報道することになったケースです。口コミによってブレイクする流行現象などに接するとき口コミの力ってすごいなと感じませんか。本章では、口コミというおしゃべりについて考えてみます。

口コミを利用してヒット商品をつくる

お金をかけて商品を宣伝しなくても、消費者自身が宣伝塔になって商品を広めてくれる。このような口コミのメカニズムを実際の商売に応用したいとはだれもが思いつくことでしょう。しかし、実際のところ、このような戦略がうまくいった事例は皆無といってよいのです。おしゃべりを宣伝の道具にしようと思っても、自発的に商品の宣伝をしてくれる人などいるはずはないのです。そこで口コミをしてくれる人をたくさん雇って周囲の人に商品の宣伝をしてもらうのですが、宣伝を聞かされた人が次の人に伝える理由はまったくないのです。宣伝は雇われた人が話した範囲以上に広がることは絶対にありえません。その理由はいたって簡単で、おしゃべりは話し手と聞き手の相互作用であり、おしゃべりの内容は、相手が喜ぶこと、自分が楽しいと思えることを話すという原則があるからです。

しかし、マーケティングを生業としている人々にとって、広告費がかからずに、消費者自身が伝道師となって商品の宣伝をしてくれるこのシステムは、そう簡単にあきらめられるものではありません。効果がないことがわかっていても、次から次へと口コミの本が出版されています。その背景には、いかによい製品を開発しても、多大な広告費をかけても、一大イベントを仕組んでも、その商品が爆発的に売れるという保障がないという事情があります。テレビで強力なスポット広告を流した週だけは、コンビニも消費者の手の届くところに商品を置き、広告に刺激された消費者もその商品を求めます。

だから広告投下量に見合った売り上げを達成することは可能なのです。しかし、広告を減らしたとたんに売り上げは落ち、消費者は振り向きもしなくなるのです。これがほとんどすべての商品の姿です。広告費をかけてもその効果は一時的なものにすぎないという事実があるからこそ、口コミによる大ヒット幻想は絶えることはないのです。

このように口コミを利用しようとしてもヒット商品は絶対に生まれませんが、皮肉なことにヒット商品のすべては口コミによってのみ生まれます。口コミにのらない商品は絶対にヒットしないのです。このことは、口コミをうまく利用すればヒットするということとは本質的に違うのです。

この章では、どのようにしたら口コミが成功するかではなくて、商品についてのおしゃべりである口コミがどのようにしてその力を獲得するのかを示すことです。どうして消費者が商品の宣伝媒体になっておしゃべりをしてしまうのか、おしゃべりのなかにどうしてそのような影響力があるのかを考えてみたいのです。

悪い口コミは強い効果がある

アメリカの研究者によると、最新型のコンピュータの利用体験を印刷物で示した場合と、同じ内容を口頭で述べた場合とでは、口頭で述べられたほうが、そこで示されたものがよい内容であれ、悪い内容であれ、相手に強い影響を与えることが示されています。図６－１に示すように、印刷物で読む

●図6－1　製品の良し・悪し判断は，口コミで経験談を伝えられる場合のほうが，印刷物で知るよりも効果が強くなる（堀内，2001）

よりも、身近なところにいる人が語るもののほうが商品評価を左右するという口コミの効果を示す研究です。

　さらに、この実験では、よい口コミと悪い口コミの効果も比較していますが、よい口コミよりは、悪い口コミのほうが「この製品はだめだ」ということにつながりやすいといいます。口コミによって販売成績を上げようという試みは、もちろんよい口コミの効果をねらっているわけですが、この研究の示すところでは、悪い口コミほどの効果はないということになってしまいます。悪い口コミの効果は、「ネガティビィティバイアス」（負のバイアス）という現象によって説明されます。人の印象をつくるプロセスを考えてみるとわかりやすいでしょう。性格にはよい面も悪い面もあります。しかし、よい面と悪い面を比較すると、悪い面のほうがその人の印象をつくり上げるときに強い効果をもってしまうという現象です。このような現象は、人のうわさについてもいわれることです。ある人についてよいことも悪いことも話をしたのに、なぜか悪い話だけ印象に残ってしまうことが多くなります。これなどもこのバイアスによってもたらされるのです。

会社のイメージやブランドに対する悪い口コミは、ボディブローのようにじわじわとダメージを企業に与えます。先の研究を一般化すると、印刷物での悪評よりも、口コミのほうが断然効果があるということになります。悪い口コミを防ぐということは、企業にとってとても重要なこととなります。だからといって商品の欠陥、問題のあるサービス、予期しない故障など消費者が不満を感じる状況をゼロにするということは事実上不可能です。

このような不満な状況に置かれた消費者がとりうる行動は、（1）店を変えたり、ブランドを変えたりする、（2）売り手に直接不満を言う、（3）いやな経験を周囲の人に話をするという3つのタイプがあります。不満が極端に大きいときには、すぐにブランドを変えたり利用する店を変えたりします。また不満が小さいときにはがまんして使い続けます。問題は中間程度の不満のときです。もしも店やメーカーに不満を簡単にぶつけることができ、この不満がすぐに解消するならば、消費者は以前よりもこの店やブランドに対して好意的な態度をとるようになるのです。ところが、不満を伝えるのに面倒な手続きが必要だったり、窓口がわからず不満を言えなかったりするのが現実でしょう。このように店やメーカーに苦情が言いにくい場合には、苦情を直接言うのをあきらめて、かわりにその不満を周囲の人に言いふらすようになるのです。このようにして悪い口コミが生まれます。悪い口コミを発生させないようにする最適な戦略は、不満を店やメーカーに伝えやすくするシステムづくりをすることにつきるのです。適切に不平や不満を解消することが、悪い口コミを減少させるだけではなく、逆に企業や商品への信頼を高めることにつながるのです。

口コミをしてしまう理由

ヒット商品をつくるために人々に働きかけてよい口コミを語ってもらうことは不可能と述べましたが、実際には、商品やサービスを購入して満足をするとよい口コミをしてしまうのです。どうして人は頼まれもしないのによい口コミをしてしまうのでしょうか。人が口コミをしてしまう場面はじつにさまざまなのです。

口コミをすることで、他人に優越感を味わうというのがあります。口コミするのは、他人のためというよりは、自分のためにするのだということがよくわかる事例です。

自分の買い物について得意になって人に話しているときがあります。友だちがまだ試したことのないことをすでに自分が経験（見たり、食べたり、使ったり）していると、「あれはね……」というように得意になって話してしまいます。すると友だちは「へぇーそうなんだぁー」と感心したようにうなずいてくれます。ときどき冷静になって得意になっている自分を恥ずかしく思うこともありますが、結構気持ちいいものですよ。

他人より自分が優れていることを確認して満足するのです。また、人目を引くようなものを購入したときも、つい口にしたくなります。こんなものを買う人がいないと思われるような派手な色、派手なデザインのものも予想外に売れるといいます。それは、買った人がそれを持つことで注目をあび、その商品を種に人と語ることができるからです。

また骨董の世界では、買い物は、自分の「目」を自慢する格好の場です。安い値段でめずらしいものを見つけ出すことは、二重の意味で自分をきわだたせることができるのです。一つは売り手よりも自分の目が優れているということと、周囲の仲間を出し抜いたという快感があるのです。掘り出し物を見つけたりすると、同じ趣味の仲間に自分の買い物を言いふらすことになるのです。

あなたの周囲に、デジタルカメラを次々と買い換えたり、コンピュータをいつも最新のものにしたりする人はいませんか。このような人は、人から買い物の相談を受ける機会も多いし、自分からも新しい商品について周囲の人に話す傾向があります。次の事例は、スナック菓子のパイオニアの話です。

コンビニで新商品、たとえば春は「イチゴ味」、秋は「マロン味」などを見つけるとすぐに買って試してみます。そして友だちにすすめます。私は買ったものは何でも人に見せたくて、自慢したくなるので、友だちは最近あまり話を聞いてくれなくなりました。

と嘆く。あまりに度が過ぎるのでうるさがられているに違いありません。また、じょうずな買い物や、成功した買い物についても、人に話をしたくなるようです。次の例は、自分の買い物がいかによかったかを語っています。

Vネックの緑色のセーターを買ったのですが、テレビで有名な芸能人が同じものを着ていました。さっそく「このセーター○○がCMで着てたんだよー。結構値段もよくて、着やすくていいよ、このセーター！」って感じで友人に言います。友人は「えっ本当。すごいねぇ」と感心してくれました。

自分のセンスのよさを、有名人が同じセーターを着ていることで確かめたのです。このほかに、少しいやみですが「内幕情報」を言いふらすタイプがあります。「誰々さんが紹介してくれたので、特別のルートでこんなものが手に入ったのよ」などと話をします。しかもその人が有名人であればもっと効果的です。これを使ったのが芸能人を利用して高いダイヤモンドを売りさばく商法でしょう。買った人は有名人の口利きで特別に購入したのですから割高な商品であっても十分に満足し、買ったことを周囲の人に話さずにはいられなくなるのです。このように、自分が深く関与すればするほど、自分自身が正しかったことを確認するために、自分の買い物の話を人にせざるを得ないのです。

また、購入した製品への関与から口コミをするというものがあります。商品を買うということは、無数にある商品の一つを選ぶことです。買うまではあなたとは関係のない無数にある商品の一つであっても、ひとたび購入したものはあなたに所属するものになります。極端なことをいうとあなた自身の一部となるのです。もはや自分ではないと主張してもあなたの一部になってしまうのです。だから、新しく物を買うということは、とても緊張のたまる作業であり、購入後にその商品と自分自身との折り合いをつけることを心理的に強制されるのです。この緊張を解消する方法が、買ったものがいかによいかを人に語ることなのです。そして相手から、「いい買い物をしたわね」とか「とても似合っているわ」といった言葉を期待しているのです。そのためには、買った商品やサービスがいかによいかを一生懸命語ることが必要になるのです。

また、他人への関心から、人に話すというのもあります。自分の好きな世界、とくに趣味の世界にあっては、自分の好きなことを他人にも好きになってもらいたいという強い欲求が起こります。こんなにも自分が夢中になれるものを、自分の親しい人にはぜひ教えたいという気持ちからくるのです。福音を伝える伝道師です。

私には大好きなバンドがあって、新曲が出るごとに「本当にいい曲だよー」と友人にすすめます。少しでも興味をもってくれたら、CDを貸し、もっと興味をもってくれたら、コンサートに連れて行きます。高校の1年からの友人は、今ではすっかり同じバンドにはまっています。

これでは洗脳ですが、親しいからこそ話さずにはいられないのでしょう。親しい人に伝えてあげたい、教えてあげたいという気持ちから口コミがなされるのです。体によかった健康食品、肌にあった化粧品、とてもよい気分にしてくれる癒し系グッズなど、喜びを共有したいという気持ちから口コミをするケースも多いのです。

このほかに、変わったものとして、コマーシャルに対する関与が、口コミをさせてしまうというものがあります。コマーシャルが強調する商品の特徴、たとえば「のびーるのびーるチョコレート新発売」などという目をひくCMを見た後で、新製品を食べてみたら、ほんとにのびーるのびーる感じだったりすると、ついつい周囲の人に「あのチョコレートの伸び方すごいよ……」などと話してしまうのです。広告コピーに対する関与も、現代では馬鹿にできないきっかけになっています。

口コミに乗せられてしまうわけ

このように私たちは商品やサービスを購入するとさまざまな理由から他人に買った商品のことを話すのです。もちろん自分を正当化するためであったり、心のなかに生まれた緊張感を解消したりするためですから、その製品のよさを宣伝するようなポジティブな口コミになるのです。

では、そんな口コミが、聞き手に対して強い影響力をもってしまう理由はどのようなものなのでしょうか。とても単純な仕掛けが口コミにはあります。それは口コミをする人が商品を売りつけようという意図をもっていないところから生まれるのです。結果として、口コミ内容が相手の心のなかに抵抗なく入り込んでいくのです。

私たちは、セールスパーソンの言葉を言葉どおりには信じません。話を割り引いて聞くように習慣づけられています。売ろうとする意図があるからその言葉を信じてはいけないのです。逆に売りつけようという意図がないならばその言葉を信じてよいのです。別に親しい人の口コミでなくても、ケーキ屋から出てきた見知らぬ客どうしの「ここのお菓子、抜群においしいわね……」といった小耳に挟んだおしゃべりでも真実と受け止めてしまうのです。

このような仕掛けとともに、話し手がどうして自分にその口コミをするのかが問題になります。すでに述べたように、話し手は、だれに対しても口コミをするわけではないのです。特定の人にわざわざ口コミをするのです。自分が関心をもっている人、大事に思っている人、親しいと思っている人、このような商品を必要だと思っている人にだけ、口コミをするのです。そしてその喜びを共有しようとするのです。口コミの話し手は、聞き手のことを本当に理解したうえで、話をしてくれているのです。本当の親切心から口コミがなされているのですから、その説得力はいやがうえにも大きなものになるのです。

さらに、話し手が口コミをするときの態度を考えてみましょう。その商品について関与が高ければ高いほど積極的に口コミをするのです。話し手は、表情豊かに語り、説明もじつに具体的で、どうよかったのかを体験に基づいてわかりやすく説明してくれるのです。実際の効果がどうであったかなど具体的な証拠を提示し、細かいところに手が届く説明をしてくれるのです。それもそのはず、その製品を欲しかったからこそ購入し、そして実際に使ってみてとても満足しているからこそ、話をしているのです。どのような欲求に対してその商品が効果的なのかをとてもうまく説明できるのです。口コミによる説明は、テレビのコマーシャルの何百倍も効果的なのです。

口コミとマスコミの棲み分け

テレビコマーシャルは、商品を買わせようとする「意図」がありありとしているはずです。そのことを知っていながら、私たちは影響を受けてしまうところがおもしろいし、仮にマスコミのコマーシャルに直接影響を受けなかった人も、そのＣＭによって購買した人の流す口コミによって影響されて買ったりするのが現実の姿でしょう。マスコミと口コミとを完全に切り離して議論しても意味はないのかもしれません。口コミとマスコミは、効率よく棲み分けをしているのです。

パソコンなどのそれまでに使われていなかった新しい製品が社会のなかに浸透していく過程は、個人レベルで考えると、まずそのような機器があるということを知る（認識段階）ことから始まります。それに関心をもつ（関心段階）ようになり、それがどのようなもので、どの程度使えるのかを考え（評価段階）、ちょっと試しに使ってみたりする（試行段階）のです。使えるなという結論に達するとやっと採用する（採用段階）ことになります。このような個人的なプロセスが、集合的に進行して、新しい製品が社会のなかに徐々に普及していくと考えられるのです。

このようなプロセスで、口コミが強い影響力をもつ段階と、マスコミが強い影響力をもつ段階に分かれるといいます。認識段階ではマスコミが、評価段階では口コミが強い影響力があるのです。マス

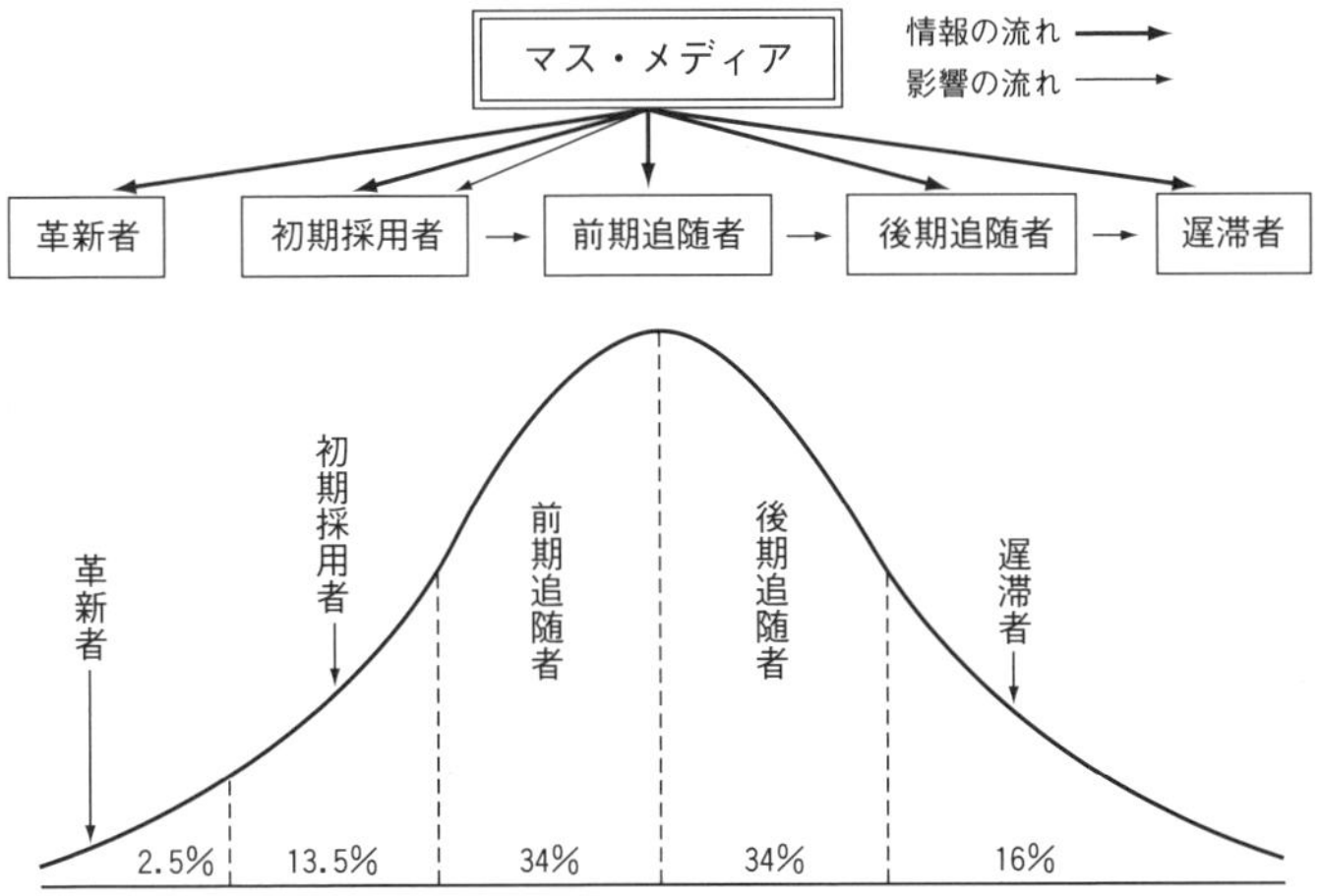

●図6－2　新製品が採用される過程と情報の流れ，影響の流れ
（田崎・児島，2003）

コミによって新しい製品について知るのですが、実際に採用するかどうかは口コミによるというのです。ここには、マスコミと口コミの棲み分けが成立しているのです。

新しい商品や新しいファッションが世の中に広まるのは、すべての人々が一挙にそれらを採用するわけではなく、最初はごく一部の人々が採用し、徐々に社会の多くの人が日常的に使用するようになっていくのです。図6－2では、最初にそれらを使ってみるごく少数の人々「革新者」から、「初期採用者」「前期追随者」「後期追随者」、そして「遅滞者」の5種類に分けています。革新者とよばれる人々は、周囲にそのようなものを採用している人がまだいないのですからマスコミからの情報に強く依存しています。ただこのような人々は社会的な平均から大きく逸脱しているので、口コミによって周囲に与える影響力は比較的弱いとされます。次の初期採用者は、一般にオピニオンリーダーとよばれ、情報をマスコミから入手するにしても、周囲の人々に口コミなどで強い影響を与えるのです。そして追随者とよばれる人々は、これらの先駆的な人々の行動を直接観察し、周囲の人々の意見をよく聞いてから採用を決定するのです。

この図のように、マスコミは情報の流れ、口コミは影響の流れとはっきりと分けられるものではないでしょう。しかし、マスコミをとおして流れる情報がストレートに社会全体に影響を与えるのではなくて、対人関係をとおした口コミ、すなわちおしゃべりをとおして影響が伝えられることを示しているのです。

インターネット時代の口コミ

インターネットの多様なサービスのなかに、商品の評価情報に特化されたサイトがあります。そのなかの一つに「価格ドットコム」というサイトがあるのをご存知でしょうか。ここは、パソコン、携帯電話、カメラ、家電、ブランド品、スポーツ、ゲーム、自動車、ブロードバンドサービスなど少々コンピュータ関係に偏っているものの、それらの商品の実勢価格を調べることができます。商品購入の際に、最も大きな要素が価格であるのですから、きわめて実用的なサイトです。インターネット登場以前には、価格情報は業界のなかを流れ、業界人のみが知りえたものでした。消費者の側からいえば、みずからの足で情報を探しまわる以外には方法がなかったのです。それがインターネットで簡単に調べることができるようになりました。

しかし、このサイトが役に立つのは、価格だけではないのです。同じサイトに用意されている口コミ掲示板というのがあります。第4章で述べた電子掲示板が用意されています。ここは、メーカー別、商品別に分かれていて、商品についての質問や回答、商品を使っての感想などが書かれています。疑問を書き込んだり、すでに書かれている内容に質問をしたり、感想や意見などを自由に書き込むこともできます。このように価格情報だけではなく、これまでは自分の周囲に詳しい人を探し出して聞き出すしかなかった口コミ情報も簡単に手にすることができるようになりました。

このような掲示板での書き込みを分析した研究によると、書き込まれている内容は、評価型、サポート型、商品知識型、要望型に分類できるといいます。従来の口コミにあたるものとしては、評価型の書き込みです。商品を使ってみての評価です。またサポート型は、複雑な情報機器に多いのですが、セッティングや使用法、故障への対処のしかたなど商品購入後のサポートに関する書き込みからなっています。ここを読むことで、この商品の問題点を買う前にわかることになりますので、購入の判断にとても役立ちます。商品知識型はカタログ情報にあたります。むずかしいカタログを読む代わりに、自分がどんな目的で使いたいかを書き込むと、商品知識に詳しい人から、どの機種が最適かといったアドバイスをもらえます。さらに、メーカーに対してどのような機能をつけてほしいとか、改善してほしいなどという書き込みもあります。商品に対する苦情など、改善してほしいことがらが書き込まれます。従来ならば、メーカーの苦情係りに伝えられるものが気楽に書き込まれるのです。

このように、インターネットの口コミ掲示板は、対面的な口コミよりも、ずっと便利で、より多様な機能を果たしていることがわかりますね。メーカーが消費者に向けて流していた商品情報、電話などを用いて行なっていたサポート情報、クレームに対処する苦情処理など、従来ならば、さまざまな経路、メディアを用いて行なわれてきたものが、「口コミ掲示板」のなかに実現しているのです。

口コミとインターネットの口コミの違いを整理しておきましょう。対面場面の口コミは、おしゃべりのなかで交わされていますから楽しい話題が優先されます。だから悪い口コミよりはよい口コミが優先されることになります。これに対して、インターネットでは、話題の選択において相手のことを優先させる必要はないので、悪い口コミも書かれることになります。人々はインターネットの掲示板に楽しい話題を求めているのではなく、ストレートな評価情報を求めているのです。

第二に、インターネットというメディアは、聞き手の側が積極的に検索することによって情報が引き出されます。それゆえに、受け手に対する影響力はより強いものとなります。対面的な場面では、話し手の側が積極的に口コミを行なうのですが、インターネットでは、受け手の側が積極的に情報を求めているのです。

第三に、インターネットは、不特定多数の人々に情報が伝えられます。いわばマスコミのような力をもっています。ただ不特定多数といっても、そのサイトにアクセスした人だけに伝えることができるのです。そのような意味で、不特定多数というのはマスコミと比べて限定的です。しかし対面的な口コミの広がりと比較したときは、その広がりは断然広いということはいえるでしょう。

インターネット登場以前には、マスコミと口コミの棲み分けが行なわれてきたと述べました。「情報」の伝達はマスコミが、「影響」の伝達は口コミが、それぞれ得意としてきたということでした。しかし、インターネットの口コミ掲示板では、マスコミ的な要素も、口コミ的な要素も、融合して存在しているようにも見えるのです。

このようなサイトの登場は、私たち個人の発言力を強めるものです。もっと正確にいうならば、本来口コミがもっていた影響力が十全に発揮される可能性が生まれているということなのです。

第7章

組織のなかのおしゃべり

企業内のコミュニケーションを組織心理学では、フォーマルコミュニケーションとインフォーマルコミュニケーションに分けて議論します。企業組織の公式的なコミュニケーションの流れをフォーマルとよび、それ以外のコミュニケーションをインフォーマルとよびます。経営者が情報の流れをコントロールできるのが前者で、サラリーマンが自然につくり上げるものが後者といえるでしょう。

本章では、フォーマルコミュニケーションの代表である「会議」と、インフォーマルコミュニケーションの代表である飲み屋のおしゃべり、そのなかでも「ぐち」に光をあててみたいと思います。いずれも会社のなかでは嫌われものです。なぜ嫌われるのか、嫌われているのになくならないばかりでなく、いよいよ多くなっているのはなぜか、組織のなかでいったいどのような役割を果たしているのかを、日常のおしゃべりと比較して考えてみたいと思います。

会議の目的

会議はおしゃべりから構成されています。体を動かしてものを売ったりつくり出したりするのではなくて、どのように売ったり、つくったりしたらよいのか話しする場なのです。おしゃべりすること自身が目的ではなくて、次にあげる目的を達成するためにおしゃべりをするのです。目的のあるおしゃべりということがふつうのおしゃべりと最も違うところでしょう。

会議を開く目的には、次の３つがあるといいます。第一に会議は、集団で「意思決定」をするためです。集団がどのような行動をとるべきかを決めることです。もっとも集団の運命を決める重要な意思決定から、日常的な些事に至るまでさまざまなレベルの意思決定があります。適切なポストの人が責任をもって決めればよいものが大部分です。集団意思決定のもたらす問題点を社会心理学は早くから指摘しています。第二に、「情報の伝達と共有」のために開かれます。意思決定のための会議よりも一般的でしょう。メンバーに知らせなければいけない情報、メンバーが知っておかねばならない情報、さらには知っていてもしょうがない情報まで、多様な情報が会議をとおして伝えられます。しかし、実際に仕事を進めるうえで共有しなければいけない情報や伝えなければいけない情報は、そんなに多いはずはありません。しかも、会議で報告される情報は、すでに本当に必要な関係者にはとっくに伝えられているものばかりであって、会議で新しく仕入れる情報などほとんどないのが現実でしょう。

第三に、「情報の創出」のために開かれます。情報の創出などともっともらしい言い方ですけれど、要するに、新しい考え方や方法を見つけ出そうということです。一人で考えるよりは、多人数で考える方がよい考えが浮かぶという素人考えに基づくものです。

組織にとって会議の必要性、重要性を否定する人は少ないと思います。しかし、会議が有益だったとか、充実していたとか、あるいは楽しかったといった肯定的な意見を聞くことはきわめて少ないものです。その理由を考えてみましょう。

集団で決めるということの愚かさ

三人寄れば文殊の知恵ということわざがあるように、一人ひとりではたいした知恵がでなくても、何人かでいっしょに考えるとよいアイデアが生まれるといいます。だからこそ会議をする理由の一端があるはずです。しかし、組織心理学によると、話はそんなに単純ではありません。（1）一人よりは完全な情報と知識が得られる、（2）視点の違う意見が出される、（3）決定のためにいくつもの案が検討されるのであるから最後に決まった案に対して受容的になる、（4）一人で決めたものではなくて、みんなで決めたということから正統性が高くなる、など集団で考えるメリットと同時に、次のデメリットも指摘されています。集団で考えるということは（1）みんながよいと結論を出したこと

について は、客観的なデータさえ都合よく解釈してしまう、（２）多くの人がよいと考えている結論に対して疑問や疑念を出すメンバーに圧力をかけてしまう、（３）みんなが考えている結論と自分が違うなと感じると沈黙を守ろうとする、（４）みんなが発言しないのは、イエスという意志表示とみなされる傾向にあるというのです。このように集団で考えるメリットも、集団であるために発揮できなくなるのです。

さらに、集団で意思決定することは、だれもが予想していない決定に議論を導くことが指摘されています。意思決定は常にリスクをともないます。利益を追求するにあたってどの程度までリスクを負ってもよいのかが最も重要な判断すべき点になります。「90％安全な選択肢で利益は10億」から「80％安全だが利益は20億」……「10％安全だが利益は90億」というリスクと利益が対立する選択肢があったとしましょう。会議に参加した一人ひとりに調査をしたところ大多数が「80％安全だが利益は20億」だったとします。会議が始まり、いろいろな意見が出され、リスク評価がなされたあとで採決をとります。すると、大多数が思っていたよりもよりリスクの高い選択肢が意思決定されてしまう傾向にあるのです。これをリスキーシフト（危険方向へのシフト）とよび、集団による意思決定の危険な兆候といわれています。同時にこれとまったく逆により安全な選択肢が選ばれてしまうコーシャスシフト（慎重な方向へのシフト）とよばれる傾向も知られています。わが国の企業風土では、こちらのほうが特徴的かもしれませんね。このように組織心理学が用意している知見は、会議がいかに危険で愚かな決定に導くかをいやというほど提示しているのです。

会議での会話がつまらないわけ

会議はおしゃべりから構成されていると述べましたが、実際には「おしゃべり」は嫌われます。その理由は、会議での会話はどの程度会議の目的にそっているかどうかで評価されるからです。積極的な意見や活発な議論は強く期待されるのですが、ふつうのおしゃべりは禁止されるのです。

ふつうのおしゃべりでは話をしているうちにあっという間に時間が過ぎていきます。しかし会議ではさまざまな拘束感があります。まず時間的な拘束があげられるでしょう。ある調査によると、勤務時間の3分の2は、会議が占めるといいます。職位の高い人ほど会議が勤務時間に占める割合が高くなります。だれもが会議はむだだと言いつつも結局のところ仕事の大部分の時間を会議に割いているのが現実なのです。また空間的な拘束があります。他にすべき仕事があっても、また天気がいかによくても、会議室にいなくてはいけないのです。さらに行動の拘束があります。会議では、発言内容は当然のことですが、たんに話を聞いているときの表情さえ気を使わねばならないときもあります。いかにつまらない話であっても熱心に聞いているような顔をしなければいけないのです。

さらに、実際の発言にあたってもいろいろと拘束があります。会議の参加者は、組織内の地位や役割がそれぞれ異なっています。会議というフォーマルなコミュニケーションである以上、すべての発言は地位と役割から離れて発言することはできません。自分が本当に思っていることとは別に、地位や役割から発言がなされるのです。さらに、会議での会話は参加者が対等ではありません。議長によって仕切られています。その結果、思いついたときに自由に発言できません。

このように、フォーマルな会議の場というものは、ふつうのおしゃべりと大きく異なる構造的な違いがあるのです。二重三重に拘束されているのが会議の会話ということになります。当然会議では積極的な意見も出ず、会話もはずまないことになります。結果として会議そのものが生産的にならないということになるのです。

会議がこのようにつまらなくなったのは、会議の目的にあった発言のみが許されるからということになります。しかし、最初に述べた会議の目的とされていることは、会議の「本当の目的」なのでしょうか。

隠された目的

私たちが会議について、これほど嫌う理由は、会議の目的とされているものが会議によってはほとんど実現していないという実感をもっているからでしょう。

石川弘義は、「会議の心理学」のなかで、先にあげた会議の3つの目的以外に、「意思決定へ参加すること」「連帯感の形成（破壊）」「参加者のなかに違った側面を見つけ出す」「自己表現の訓練の場所」「自分を認めさせる場」「ゴマすりを公然とできる場」などを会議の目的として付け加えています。

付け加えられたものをながめてみると、会議の目的といえないのは一目瞭然ですね。意思決定することは目的であっても、それに参加することは目的ではありません。連帯感をつくるために会議を開くというのも本末転倒です。参加者の観察などまったく不要なことです。自己表現の訓練など、鏡の前で勝手にやればよいことです。自分を上司に認めさせる場所、「ゴマすり」の場所に使うなど、会議の目的という点では言語道断でしょう。にもかかわらずこれらが会議の目的となるところに、会議の問題点があるのです。意思決定、情報伝達、情報の創出という基本的な3つの目的が達成されないにもかかわらず、組織が会議を開くのは、会議には隠された目的があるからなのです。それは会議自身にあるのです。会議は開くことに意義があるのであって、会議で生産性を上げることにはないからです。

隠された目的という視点から会議をとらえなおしてみると、現状がよく理解できます。先に集団思考のよい点として述べたことですが、みんなで議論しているから結果について受容的になるとか、そこで出された結論は、民主的な手続きで決めたのだから正統性を感じるというメリットがあるという指摘は心理的な意味では正しいでしょう。会議が失敗のための弁解の道具だとしたら会議は成功だったということになるのです。会議に出るということで、共犯関係が成立し、共同責任があることにされるのです。このように、会議の隠された目的は、参加させつつ意見を言わせないことにあるのです。また情報伝達の会議であっても、情報を伝えることが目的ではなく、会議で伝えたという実績をつくることが目的であるとすれば現状の会議は十分にその機能を果たしていることになります。情報の共有ということについても同様です。実際に共有することが目的ではなく、共有していることを確認することが重要となるのです。このように会議をすること自身が「隠された目的」なのです。

生産的な会議

すべての会議が「隠された目的」によって支配されているわけではありません。会議のなかでも、情報の創出のための会議はなかなか評判がよいようです。その理由は「情報の創出」という目的どおりに会議が行なわれるからです。新しいアイデアを生み出すためにどのように会議を進めたらよいのかについて多くの研究が行なわれています。集団による発想法とよばれるものです。代表選手として、ブレーンストーミングを例に取り上げてみましょう。この方法では、会議のもち方として４つの原則が提示されます。「他人のアイデアを批判・評価しない」「自由奔放なアイデアを尊重する」「アイデアの量を求める」「他人のアイデアの結合と改善をする」というものです。

ふだんの会議と比較してみましょう。一般の会議では他人の提案について批判的に議論することで提案の欠点を見つけ出そうとします。しかし、ここでは、出されたアイデアがいかに馬鹿げていても、あるいは、あきらかに生産的でないとしても、批判したり、評価したりしてはいけないのです。第二にこの方法では、既存の価値観にしばられない自由な発想こそが尊重されます。まわりの参加者の視点に新しいものを付け加えることが大事なのです。そのことによって議論が活性化され、思わぬ方向へと進展することが期待されているのです。このような発言は、ふだんの会議では最も嫌われるものの一つでしょう。場合によっては不真面目であるという烙印さえ押されかねません。第三に、質よりも量が尊重されます。ここでは、「ひとことの重さ」など意味がないのです。ひたすら、量が求められるのです。ふだんの会議では、重要な場面での質の高い発言が評価されるのに対し、ひたすら意味のない発言を続ける発言者はとても嫌われるのです。第四に、他人の尻馬に乗れというものです。他人が出したアイデアを発展させて、次のアイデアを出すことが重要なポイントとなります。相手の考えをやり込めるのではなく、逆に自分の考えのように発展させることが奨励されるのです。ふだんの会議であれば、「人の意見を横取りする」いやな奴と後ろ指をさされるのが落ちでしょう。

このようにみてくると、情報の創出のための会議が評価の高い理由が見えてきます。おなじ「会議」という名前のもとで行なわれますが、参加者にとっては、まったく質の違うものと映るに違いないのです。この会議を支配している約束事をもう一度考えてみてほしいのです。じつは、これらの原則は、私たちがふだん行なっている楽しい「おしゃべり」の原則にすぎないのです。日常のおしゃべりでは、発言の揚げ足をとったり、無謀な夢を語ったり、とんでもない妄想を語っても、それらを楽しんで聞いているだけです。そのうえ、最初の人の発言に輪をかけたような奇抜な想像を語ったりするのです。というよりは、そのようなおしゃべりこそ、場を和ませ、おしゃべりを活性化させるのでした。おしゃべりの仕掛けが、会社の会議でさえおもしろくするのですから、おしゃべりの力はたいしたものではないでしょうか。

おしゃべりに対する圧力

このようなタイプの会議が成功することが多いのは、会議の目的が参加者に明らかであり、多くの会議のように「隠された目的」がないからともいえるでしょう。しかし、なによりも参加者が「おしゃべり」のように発言することを要求させるからこそ、楽しく、かつ、生産的になれるのです。しかし、これは例外であって、企業全体として考えるとほとんどの会議はうまくいっていないのは周知の事実です。

ある本では、会議がうまくいかない理由として次のような諸点をあげています。第一に、物理的な環境です。会議が行なわれる場所が悪いという点です。第二に、「時間が不足する」「メンバーに時間意識がない」「定刻に集まらないとか、中途退席者が出る」など時間に関することです。第三に「会議リーダーの進行が下手である」「反対意見の収拾がつかない」「私語やばらばらに話すグループができる」「上司の一方的発言で決まる」など会議の参加者に関するものです。第四に「項目別に確認をしないので決定が不明確となる」「テーマが不明確で出席者の権限以上の話になる」「資料不足で理解できない」など会議の内容に関するものです。本章を読んでいただければ、これらの指摘が、本質的なことがらでないことは明白でしょう。会議が決定のためにしろ、情報の創出にしろ、あるいは、情報の伝達にしろ、表向きの目的を実現するために開かれているならば、先にあげられた問題点は重要なことがらとなるでしょう。しかし、実際には「隠された目的」のために開かれているのですから、これらの問題点にあまりむきになるのは正しくないのです。これらの多くは、じつは会議がふだんのおしゃべりの場になってしまっていることを非難しているのにすぎません。

しかし、会議の参加者たちは、会議の本当の意図、「隠された目的」を十分に承知しているがゆえに、少しでもその時間を楽しむために、会議をおしゃべりの場にしてしまおうとしているのです。だれも、会議が「情報の伝達」のためとも、「意思決定」のためとも、「情報の創出」のためとも思ってはいないのです。ただ組織のフォーマルなコミュニケーションにとって会議が必要であること、そしてその会議に出席することが必要であることは認めているのです。会議に関する最も大事な規範は、協力して会議を滞りなく開催することにあるのです。

実際の「意思決定」「情報の伝達や共有」「情報の創出」は、会議というフォーマルコミュニケーションの場ではなくて、さまざまなレベルで存在するおしゃべり、インフォーマルコミュニケーションによって実現されているのが真実の姿なのかもしれませんね。

ぐちというおしゃべり

インフォーマルコミュニケーションとして居酒屋のおしゃべりに移ります。居酒屋だからといって、そこでのおしゃべりが楽しいというわけではありません。おもしろくないおしゃべりの代表として

「ぐち」を取り上げましょう。会議のおしゃべりと同様、組織内コミュニケーションでは嫌われているものです。

ぐちというのは、人のうわさとか悪口と並んで、おしゃべりのなかでは低い地位が与えられていま す。どうしてぐちは嫌われるのでしょうか。どうして嫌われているのにぐちが絶えないのでしょうか。 おもしろいことに、ぐちは「聞く」よりも「聞いてあげる」とか「聞かされる」いう印象が強いよう です。その理由は、ぐちは聞いていておもしろくないからなのです。どうしておもしろくないのかを 最初に考えてみましょう。

まず、ふつうのおしゃべりと違って、話す人と聞く人の立場がはっきりと分かれてしまうことにあ ります。おしゃべりのおもしろさは、話し手と聞き手が区別できない点にあります。ところが、ぐち では、一方がぐちを語る人であると他方はぐちを聞く人と立場が固定されてしまうのです。聞き手は だまって相手の話を聞いていなくてはならないのです。それがおもしろくない一つの理由です。

では、どうしてそんなことになるのでしょうか。聞き手の意見や助言を話し手は期待していないか らなのです。ただ黙って聞いてくれることが最も望まれるのです。次に示す例のように聞き手が助言 を求められたと誤解して話すといやな顔をされるのです。聞き手は本気になって考えてはいけないと いうのですからおもしろいはずはありません。

居酒屋で飲んでいたのですが、彼が現在抱えているプロジェクトの話になったのです。上司に押し付けられたうえ、予算もたりなくてとても困った状態にいるというのです。今の状況がいかに解決困難かをくり返し語ります。そこで、こうしたらよいとか、こう考えたらよいと述べたのですが、何を言っても「でもな……」「状況はそんなにあまくないのさ……」「おまえの体験など……」といって耳をかさないばかり、また同じように自分のことをくり返し話すのです。あげくのはてに、「君はなんにもわかっていないよ。君の言うような解決策ができるならば、こんなことを言うと思うのか」と逆ギレされてしまいました。

ぐちは、意見を求めるコミュニケーションではないのです。ただ自分が一方的にしゃべるためにするのです。ぐちモードに入ったとわかったら、ただうなずいて聞いていればよいでしょう。居酒屋であれば、お酒を飲んで、ときたまうなずいてあげれば十分なのです。

さらにぐちがおもしろくないのは、ぐちの語り手にとって、ぐちを語ることはとてもストレス解消になるのです。これに対して、ぐちを聞く人にとっては、たんなる苦痛にすぎないのです。場合によっては、不快を感じ、働く気を失ったりすることもあります。楽しい酒の席で、自由なおしゃべりをするつもりのところが、一方だけがストレスを解消するのでは、とても割り勘ですませるわけにはいかないといった心境でしょう。

このようにぐちは、ふつうのおしゃべりと違って、参加者が対称的な関係にはないために、おもしろくないものとして嫌われるのです。

ぐちを語れる関係

だからといって、ぐちというおしゃべりがよくないとか、不要だというのではありません。ぐちは社会生活をスムーズに送るうえでとても大事な働きをしているのです。悪いと思っていてもついついぐちを語ってしまうのは、ぐちを話さないと心理的にやっていけなくなるからなのです。どんな仕事でも、自分の思いどおりにはいかないものです。ぐちが言いたくなる状況は、じつにさまざまでしょう。やるべきことがはっきりしていて、それがやりたくないということもあるでしょう。やってもむだだとわかっていても、やる以外にないというときもあるでしょう。どのような状況であっても、心理的なストレスだけはしっかりとたまっていってしまいます。それを心のなかにしまっておくことは、健康上よくないことなのです。ぐちだけが、このようなストレスを解消することができるのです。では、だれに語ったらよいのでしょうか。

ぐちというプロセスは、語り手と聞き手の関係がとても大事な意味をもっています。ぐちを言ってもいい相手というのがあるのです。そこのところを無視して、とくに酒が入ると思慮がなくなり、ぐちを語るべきでない人に語ってしまいます。

ぐちを言う相手との間に信頼関係ができているということが必要なのです。しかし、仕事上の「信頼関係」と人間関係の「信頼関係」とは違います。信頼関係があると思って、部下にぐちをこぼすということは、部下の立場からすると、本来はこちらがぐちを言いたいのに、上司のほうが言うのは何なのだということになります。同僚関係や上司についても、同じことがいえるでしょう。ぐちは、ぐちの内容とできるだけ関係のない人で、そのうえ信頼できる人に語るのが最善なのです。

その理由は、ぐちと悪口の関係にあります。ぐちは悪口と紙一重なのです。ぐちの原因に上司がかかわっていたりすると、ぐちはその上司の行動にふれざるを得ません。すると、ぐちを聞いているほうは、上司の悪口を言いたいのだろうと解釈するのです。第5章で述べたように、悪口は、同調を求めるものです。聞き手にとって最も望まれる反応は、いっしょになって悪口を言ってあげることです。しかし、ぐちは同調ではなくて、同情を求めるものなのです。そしてしゃべることでストレスを解消することが目的なのです。同じ職場の人にぐちを語ることは、どうしても悪口へと発展してしまいがちなのです。悪口を言ったところで、ぐちの原因となったストレスは解消しません。だからぐちの内容とできるだけ関係のない人がよいぐちの聞き手となるのです。

第2章で男性と女性ではつきあっている仲間の数が違うことを述べました。女性のほうがいろいろな仲間をもっていて、男性は職場だけという結果でした。男性は、ぐちを会社の仲間にしかできないのです。職場以外にぐちを語れる人間関係をつくることがとても大事なことになるのです。それならば、家庭はどうなのかという意見が聞こえそうですが、もちろん家庭でぐちを聞いてもらうというのは最善な選択の一つでしょう。しかし、実際には、配偶者もあなたにぐちを聞いてもらいたいのですから、どのようなことになるかは明らかです。

ぐちを聞くのはボランティア

ぐちというのは、自己完結的なおしゃべりです。おしゃべりの相手は必要ですが、相手の意見や助言は余分なものなのです。ただうなずいて、自分の立場に賛同してくれることだけが必要なのです。なまじ言葉は必要ないのです。ぐちを語るという行為は、ストレス解消にとても効果的なのです。

カウンセリングの手法の一つに非指示的カウンセリングというのがあります。カウンセラーは、クライアントの述べることをただ聞いてあげること、語りやすいようにしてあげることだけを心がけるというものです。クライアントが自分の気持ちを自由に話すことで、心の問題の多くが解決するのです。

カウンセラーにかかる前に、心のなかのストレスを聞いてもらうこと、自分が思うままに語ることによって、多くのストレスが解消する可能性があるのです。しかし、カウンセラーは訓練されたプロです。他人の話をただ聞くこと、そして気持ちよく話をさせることは、そんなに簡単なことではありません。素人の私たちが他人のぐちを黙って聞くということは、至難の業です。ついつい助言をしたくなります。しかしぐちというのは、本人がやるべきことをわかっていて、でもできないからするおしゃべりなのです。ただ聞くことだけが要求されているのです。だからこそ、ぐちというおしゃべりを私たちは嫌っているのです。しかし信頼されている人間関係においては、ぐちを聞くということは、ボランティア的な行為であると思って、ぜひ聞いてあげたらよいと思います。

人に迷惑をかけないで、ぐちを語る方法がないわけではありません。第4章で述べたように、インターネットの世界ほどぐちを語るのに最適な場所はありません。ホームページをつくるもよし、ウェブ日記を書くもよし、思う存分ぐちをこぼしてもだれに文句を言われる心配はありません。それどころか、同じ状況でぐちを言いたいと思っていた人からあたたかい同情の言葉を寄せられることも期待できるのです。

第8章

ワイドショーのなかのおしゃべり

ここまでは私たち自身のおしゃべりについて述べてきました。本章では、テレビのなかで交わされるおしゃべりについて少し風呂敷を広げて考えてみたいと思います。テレビのなかのおしゃべりと私たちのおしゃべりのダイナミックな関係についてです。

テレビのなかのおしゃべりといったら、アメリカではおしゃべりを売り物にする「トークショー」というジャンルが確立しています。日本でも「徹子の部屋」という長寿番組があります。いずれもゲストとのおしゃべりを売り物にしています。しかし日本では、テレビのおしゃべりは「バラエティ番組」として花開いています。ドラマ以上の視聴率をかせぎ、おしゃべりのじょうずなタレントは週に何本もの番組を担当しています。一見すると「歌謡番組」であったり、「料理番組」や「クイズ番組」であったりします。何をさしてバラエティ番組というのかと首をかしげてしまいますが、見た目の違いや、内容のばらつきを越えて共通するのは、本書のテーマである「おしゃべり」です。視聴者は、バラエティ番組の内容である歌を聴いたり、料理の知識を得たり、クイズを楽しむのではなく、じつはタレントたちの「おしゃべり」を楽しむためにチャンネルをあわせているのです。気の利いた主人公役の司会者は、テレビの外で見ているあなたにもときどき声をかけてくれます。そんな心やさしいホストのいるおしゃべりを聞くのはとても楽しいものです。視聴者はテレビにおしゃべりを求めているのです。

しかし、バラエティ番組では、あなたはあくまでもおとなしい聞き手にすぎません。あなたをおしゃべりに巻き込んで成立するテレビの番組があります。本章では、私たちをおしゃべりに巻き込んで発展する「ワイドショー」について考えてみたいと思います。

ワイドショーの魅力の三要因

最初にワイドショーがどのように見られているかを調査結果から紹介しましょう。ワイドショーは、平日の日中に放送されていますので、男性と女性で極端に視聴頻度は異なります。図8－1に示すように、女性では「ほとんど見ない」は20％ですが、男性では76％です。週に5日しか放送されないワイドショーを「週に3－4回」以上見るのは女性で53％、男性では6％です。男性の視聴者は極端に少ないといえるでしょう。だからといって男性がワイドショー嫌いと結論することはできません。土曜日の午後10時からの情報番組「ブロードキャスター」（TBS、22時）のなかに「お父さんのため

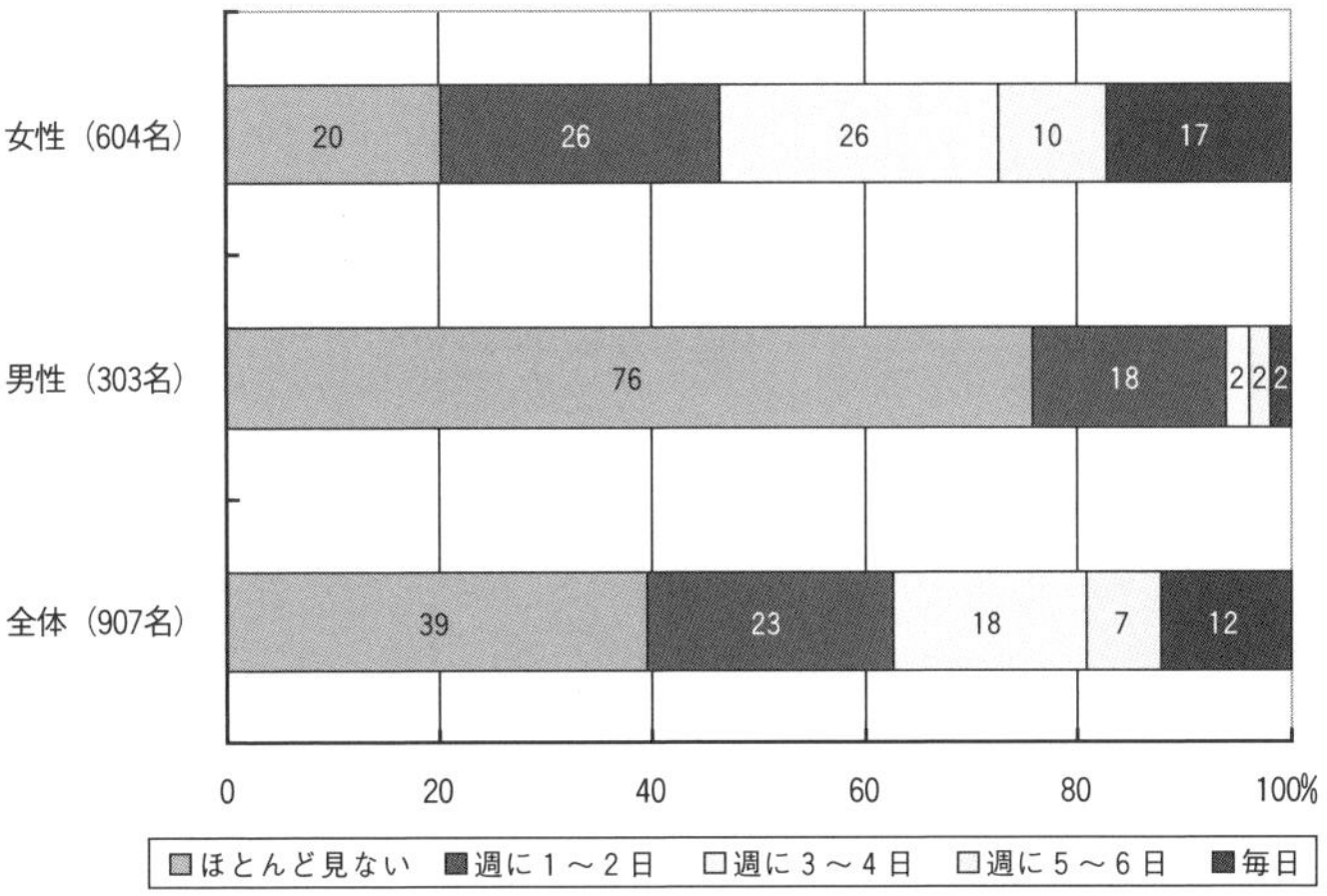

●図８－１　一週間にワイドショーをみる日数（川上ら，2002）

のワイドショー講座」というコーナーがあり、いつも20％近い視聴率をとっています。このことからも、男性もワイドショーに強い関心をもっていることが理解できます。視聴率が低いのは、ただ時間的な都合で見ることができないだけなのです。

では、ワイドショーはどのように見られているのでしょうか。図８－２は、事件報道を「ワイドショーかニュース番組のいずれかでしか見られないとしたらニュース番組を見ますか、ワイドショーを見ますか」という問いに対する回答です。数字はワイドショーを選んだ人の割合を示しています。「周囲の人との話題を得たいとき」には、女性85％、男性42％、「キャスターや出演者の意見を知りたいとき」女性65％、男性38％がワイドショーを選択すると答えています。また、「事件などの詳しい背景を知りたいとき」女性53％、男性23％です。しかし、「事件などに関する正確な情

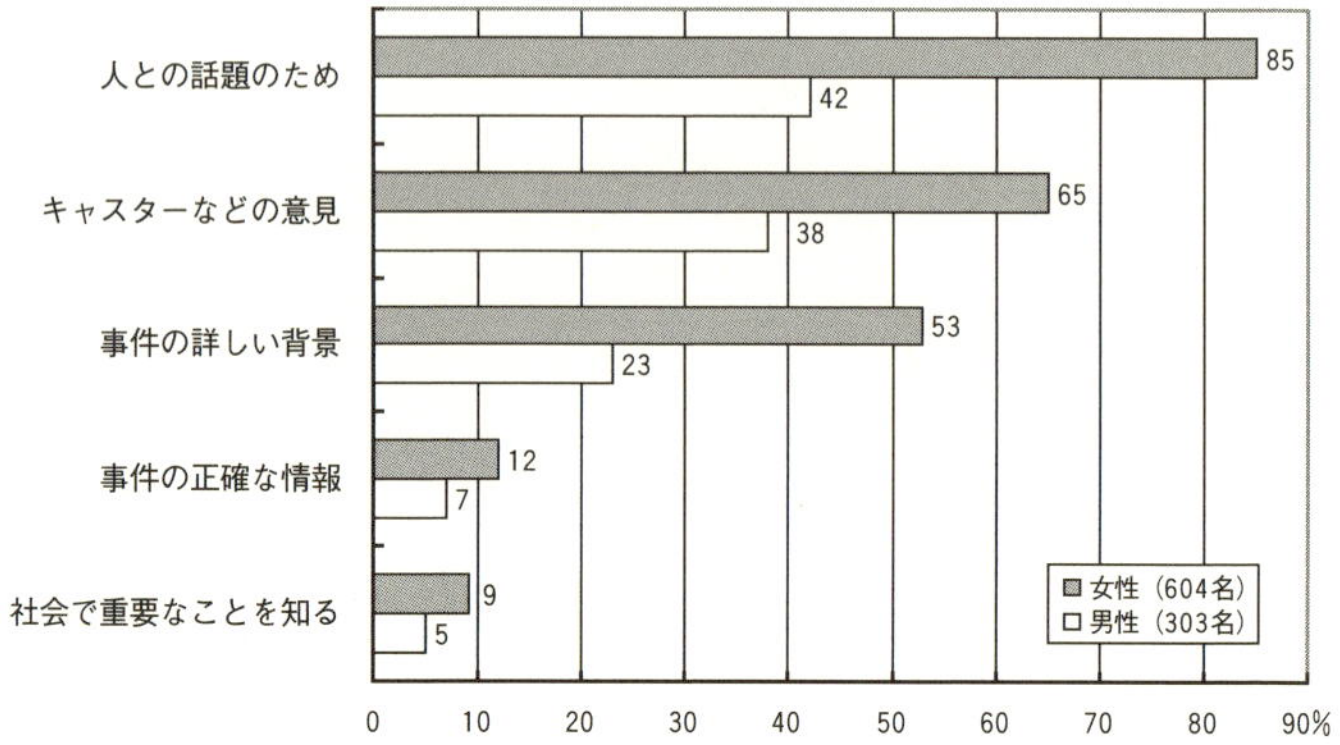

●図8－2　ワイドショーで知ること（川上ら，2002）

報を得たいとき」は、女性12％、男性7％、「今の社会で何が重要かを知りたい」女性9％、男性5％と男女ともに少なくなっています。当然のことかもしれないですが、何が重要であるかとか、正確な情報を知りたいときには、男女とも「ニュース番組」を選択するのです。

この結果から、人々がニュース番組でなくて、ワイドショーを選ぶ3つの要因が読み取れます。第一の要因は、ワイドショーの話題は、おしゃべり材料として格好の材料となっているということです。おしゃべりにとって話題はとても重要です。ワイドショーは、その話題を提供してくれるのです。第二の要因は、この話題についての「キャスターやコメンテータの意見」を知ることができるという点です。キャスターやコメンテータの意見は、自分がどのようにこの話題を考えたらよいかのヒントとなりますが、それ以上に自分の周囲の人がこの話題をどのように受け止めているかを推測する材料になるのです。そして第三の要因は、どのように犯罪が行なわれたのか、どのような背景がそこには隠されているのか、そしてまだ解決されずに疑問のまま残されていることは何かなどを教えてくれる点です。ニュース番組と違って、まだわかっていないことについても推測を交えて伝えてくれるのです。ニュースのように、事実だけを伝えるのではなく、こんなことがまだわかっていない、このように解釈したらどうかなど視聴者に判断の余地を残して事件を伝えてくれるのです。報道番組のニュースのような伝え方では、おしゃべりの話題としては、聞き手は「へぇそうなの」で終わってしまうのです。ワイドショーでは聞き手もこの話題に積極的に参加することが可能なのです。ここにニュース番組よりもワイドショーのほうが視聴者に強く働きかける契機が潜んでいるのです。

ワイドショーがニュース番組よりも積極的に見られる理由は、私たちの日常のおしゃべりの形態にあわせて情報提供を行なっているからともいえるのです。しかし、それだけではワイドショーの特質について理解したことにはなりません。ワイドショーのおしゃべりは、もっとダイナミックなものであり、場合によっては社会を動かすような影響力を発揮するのです。

最も愚劣で最もワイドショーらしかったできごと

1999年3月フジテレビ系のワイドショーに浅香光代（ミッチー）が出演し、野村沙知代にひどい目にあわされたと述べたことからすべては始まりました。二流芸能人のきわめて個人的ないさかい

●表8－1　サッチー関連年表

1999年	3/31	浅香光代「サッチーひっぱたきたい」
	4/6	「売名行為よ」サッチーが浅香斬り
	4/7	浅香がサッチーに再反撃
	4/20	サッチー帰国！　ミッチーは終結宣言!!
	4/24	サッチー「その手に乗らないわヨ」
	4/26	サッチー激白「読売の陰謀だ」
	5/16	アッコ激怒！　サッチーがドタキャン
	5/18	サッチーの講演会、途中退場者も
	5/22	アッコ、サッチーに謝罪受けたが…
	5/23	サッチーがTV番組で心境を激白！
	5/26	ミッチー、再びテレビで吠える
	5/28	サッチー反撃開始！　独占インタビュー
	5/29	サッチー反論に渡部絵美がブチ切れ
	6/2	サッチー、小渕首相を“口撃”！
	6/7	渡部絵美、10キロ減量でサッチー見返すわ
	6/9	サッチーまたまた講演会中止
	6/10	神田川氏、デヴィ夫人に平謝り
	6/15	渡部絵美、サッチーに内容証明で警告文
	6/17	サッチー、デビューCD発売延期へ
	6/18	サッチー、「コロンビア大卒？」に「余計なお世話よ」
	6/21	サッチー、関西テレビ「快傑！えみちゃんねる」出演をキャンセル
	6/22	サッチーに美容整形の治療費踏み倒し疑惑
	6/23	サッチー、美容クリニックに怒鳴り込み
	7/1	サッチー講演会場に機動隊出動
	7/12	ミッチーがサッチーの学歴詐称を告訴
	7/14	浅香光代のサッチー告発不受理！
	7/15	浅香光代、サッチー告発状を再提出
	7/16	渡部絵美が“反サッチー”の署名活動
	7/18	渡部絵美がミッチー支援の署名運動開始
	7/19	東京地検、浅香のサッチー告発受理へ
	7/21	浅香光代のサッチー告発、東京地検が受理
	7/24	ミッチーが初の反サッチー署名活動
	7/27	サッチー学歴詐称で地検が十勝を聴取
	8/1	浅香映画に。アドリブでサッチー口撃
	8/12	サッチー、タレント生命危機。「快傑熟女！心配ご無用」降板
	8/14	浅香、神田川氏を“剣”でバッサリ
	8/16	ミッチー、署名運動“終結宣言”！
	8/17	ミッチー、怒り爆発のレズ否定会見
	8/19	サッチー疑惑で東京地検、米に捜査協力要請へ
	8/26	渡部絵美20キロ減量。「もうブタと呼ばせない！」
	8/27	ミッチーがサッチーの初ライブ“口撃”
	8/31	地検会見、サッチー不起訴報道は誤報
	9/4	ミッチーが“本物”ラップ披露

	9/12	サッチー捜査終了。起訴断念の公算大
	9/13	ミッチー、陣内法相に署名を提出
	9/30	ミッチー、脅迫で大阪公演中止
	10/1	サッチー、嫌疑不十分で不起訴
	10/2	サッチー、自宅ろう城？　姿見せず
	10/13	サッチー不起訴は不当、再捜査
	10/18	サッチーの不起訴確定
	10/19	サッチー不起訴で十勝、怒りの会見
	10/21	サッチー、浅香光代を「今でも親友」
	10/23	野村監督とサッチーが各々騒動を語る
	10/24	サッチー不起訴でテレビ出演
	10/25	サッチーＴＶ出演に抗議電話殺到
	11/2	マリアン＆デヴィ夫人大ゲンカ！
	11/8	サッチー反撃開始！花瓶問題で提訴！
	12/2	サッチー“逆襲裁判”１月21日開始
2000年	1/3	サッチー＆渡部絵美ハワイでニアミス
	1/27	サッチーがウワサの写真集の内容初告白！
	1/28	サッチー、写真集売上を被災者に寄付
	2/2	写真集発売のサッチー、ビデオ会見
	2/14	サッチーが反撃本を刊行
	3/4	デヴィ夫人、ナニワで吠えた！
	3/15	サッチー“遺書”風エッセイ発売
	3/16	サッチー vs ミッチーバトル再び？
	3/31	美川憲一もドカン！　サッチー批判
	12/23	サッチーが花田憲子さんに言いたいこと
2001年	1/27	サッチーおやおや三田佳子に同情
	9/26	サッチー、二男ケニーは除籍を「内輪の問題」とはぐらかす

（サンスポ　http://www.sanspo.com/　より作成）

を報道したのは、視聴率を稼ぐという意味で大成功でした。それ以上にワイドショーの影響力のすごさを示したという意味で画期的なできごとであったといってよいでしょう。

ミッチーに対するサッチー（野村沙知代）の反撃はすぐに開始されました。しかし、サッチーにとって不幸なことに、この騒動は表8－1に示すように関係者の思惑を超えて信じられない展開をとげ、立派なメディアスキャンダルに成長してしまったのです。当初はミッチーとサッチーのみにくい喧嘩と考えられていたものが、いつの間にか正義を実現するためには、サッチーに対して目に見える制裁を与えることが必要という論調になってしまったのです。サッチーがメディアを利用して反論可能だったのは最初の短い期間だけでした。サッチーの反論は火に油を注ぐ結果となりました。サッチーの過去の悪事が次々と暴かれていくのです。一つのささいな違反が明らかになると徹底的にその悪事について語られ、その話題に新鮮味がなくなると、じつに都合よく次の違反が暴露されていきます。そのうえサッチーを擁護する人も徹底的にたたかれることになりました。サッチーを批判するのは当然のことであり、サッチーを擁護するのは常識がないかのような印象を人々はもつに至ったのです。スキャンダルのつぼに見事にはまったのでした。彼女の過去のすべてが、正義という名の悪意によって一つひとつ詮索されていったのです。

重箱の隅さえもほじくり尽くしこれ以上詮索する事実がなくなってから、このスキャンダルは参議院選挙時の「学歴詐称問題」に集約されていったのです。道徳的な違反に対する口頭による攻撃だけでは飽きたらなくなり、「正義」の鉄槌は、法律的に制裁が加えられるべきだというまでに盛り上がりました。ミッチーによる地検への告訴は、紆余曲折をへて7月になってやっと受理されましたが、無情にも10月には不起訴の決定を地検は下したのでした。現実の法の前に、「正義」は通用しなかったのです。人々は敗北感を味わい、第一幕は静かに閉じたのでした。

じつに半年以上にわたってワイドショーはサッチー騒動を流し続けたのです。その理由は、サッチーを非難してさえいれば高い視聴率を獲得できたからです。視聴者が毎日飽きもせず見続けたのはなんといっても事実なのです。おもしろくて見ていただけではなく、サッチーの道徳違反に対して社会的な制裁を本心から願って見ていたのです。表8－1の10月25日の項をみると、不起訴確定によって解禁となったサッチーのテレビ出演に対し「抗議殺到」と書かれています。人々は真剣にサッチーに怒っていたのです。ワイドショーに始まったこの騒動はワイドショーとともにありました。そして、今では、この騒ぎはワイドショーのくだらなさを示す典型的な事例として、私たちの記憶に強く焼きついています。

それから2年たってサッチーに対する人々の欲求不満に結論が出されました。２００１年12月脱税容疑でとうとう逮捕されるに至ったのです。一流新聞の一面にサッチー逮捕が報じられることになります。浅香光代は「やっぱり神様はいた」と涙を流したといいます。そして２００２年5月にはとうとう有罪判決が下されたのでした。

ワイドショーのもつ二面性

この事件ほど、人々がワイドショーについて感じていること、考えていることを集約的に表わしたものはないといってよいでしょう。ひとことで言ってしまえば、それは、ワイドショーほどくだらないものはないということであり、それにもかかわらずじつに多くの人が見てしまったということです。ワイドショーのもつ二面性です。

思いっきり「くだらない」と思いながら、かなり見ています。暇つぶしになるし、物語風になっていてなかなかおもしろい。大事件があるとチャンネルを替えながらずっと見ています。

ワイドショーは好きです。でも、それに何時間も時間を費やしてしまう自分がバカだと思います。しかも、見ている間、「バカだなー、私ならこうするのに」とか自己投影している自分もとても嘆かわしいです……。

ワイドショーを見ている人々は自分がくだらないことをしていることをしっかりと自覚しているのです。そのように思いながらも、大きな事件を伝えるワイドショーでは次から次へとチャンネルを替えて見続けているし、さらに「自分ならこうするのに」と強く自己関与して見続けているのです。サッチー騒動については、「サッチー報道では、サッチーについてもミッチーについても両方知らなかったにもかかわらず、まるで自分の身近な人のように応援したり、批判したりしていた」といいます。そして、「サッチー事件のとき、ワイドショーを見ながらさんざん文句を言いながら熱心にテレビを見ていた」とも述べるのです。

同時にワイドショー、とりわけサッチー騒動の報道に関し、次のような批判を人々は必ず付け加えます。「何回も同じことを報道するのは馬鹿げている」あるいは、「スキャンダルが起こると、社会とかテレビとかがそのスキャンダル一色になる。とくにテレビは、どの局でも、同じことをやっていて、本当に腹が立つ」と。同一映像、同一内容のくり返しとテレビ局間の重複についての批判です。しかし、そのように言いつつも、実際には、視聴者は関心のある事件の場合には「次々とチャンネルを替えている」のであり、くり返し同じ映像を見続け、新しい発見ができなくなるまで味わいつくすのですから、これは送り手の問題というよりは、視聴者がそれを望んでいる結果といえるのです。

さらに、多くの人が、ワイドショーを批判して「他人の不幸を喜んでいる」「他人のプライバシーを暴いている」「のぞき見的な快感を与えている」「人の弱みにつけこむ」と主張します。

ワイドショーは、大衆に刺激を与えるために、自分に害の及ばない、しかもいじめやすい人をターゲットにしているような気がします。結局他人事だから何でも言えるのではないでしょうか。

しかし、サッチーの不幸を喜び、サッチーの隠された過去が暴かれるのを期待し、追い込まれたサッチーを心から楽しんだのは視聴者である私たちだったのです。ある回答者は「手で目を隠し、指の間からのぞいている自分」と述べています。そんな楽しみに浸る自分自身への嫌悪がワイドショーへの痛烈な批判となっているのは明白です。さらに、ワイドショーの伝え手に対する批判ともなるのです。

レポーターはあんな仕事をしていて楽しいかなと思う。自分でもばかばかしいと思いながら、演技するみたいにレポートしているのだろうか。

デーブ・スペクターは、何かにつけアメリカでは～なのに的な発言が多く、「アメリカに帰れ……」といつもテレビに向かって言っています。

ワイドショーの出演者は「自分は正しい」と言わんばかりにスキャンダルの批判をしているのは滑稽です。

と手厳しいのです。このようにワイドショーは、じつに心理的に複雑な働きを、受け手である私たちにもたらしています。ワイドショーを見ない人にとっては、ワイドショーは語るまでもなく不必要なものであり、倫理的にも問題の多いものと簡単にいえるでしょう。しかし、幸か不幸か時間的に余裕があってワイドショーを見ることのできる人々にとっては、ワイドショーに対する態度はじつに複雑なものがあるのです。

ワイドショーについてのここまでの説明では、サッチー騒動がなぜ起こったのかを明らかにしていません。ワイドショーが扱う話題は長くても数回、ほとんどすべての話題は一回限りで終わるのです。サッチー騒動のように「スキャンダル」として発展するのは例外的なできごとです。それは、ワイドショーが放送したからスキャンダルになったのではなくて、私たちがサッチー騒動についてくり返し語ったからなのです。どのようにしてスキャンダルが語られるのかを次に考えてみましょう。

スキャンダルの誕生

レポーターがビデオ映像を用いて事件を説明するところから始まります。レポーターは、スタジオのキャスターとコメンテータに向けて説明します。ビデオによる報告が終わると、キャスターがレポーターにいくつかの質問をし、ついでコメンテータに意見を求めます。ついでキャスター、コメンテータ、それにレポーターも加わり、この人物の行為や事件についてのおしゃべりが始められるのです。おしゃべりの間、核心のビデオ映像はくり返し、くり返し提示されます。

そこで行なわれるのは、事件の実態、事件の背景、加害者、被害者など、かかわりのあるすべてのことがらについての徹底した詮索です。レポーターの報告は、その時点では不十分な情報に基づくものですし、伝えられた情報も事実の確認もとれていない場合が多いものです。しかし、ワイドショーはニュース番組ではないのですから、事件の実態、事件の背景、そしてかかわった人々の動機までそれなりの回答を与えなければならないのです。しかも、このできごとを明日もワイドショーが扱うとは限らないのですから、現在の視聴者に対してわかっている範囲で回答を与えることが強く期待されていることなのです。

確証のないことに対しても、「仮に……だとすると」という具合に条件を仮定することで結論を引き出します。あるいは人々の動機についても、みずからの体験や知識などを根拠に、大胆な推測を行なうことで、それなりの解釈を与えるのです。このような作業を、キャスター、コメンテータとレポーターのおしゃべりのなかで行なっていきます。多様な仮説と多様な解釈とが提示されます。おしゃべりの間に流される核心のシーンから、最初とは異なった意味が読み取られていくことも多いのです。そして番組の最後には、必ず暫定的な結論が下されるのです。

ここからが重要なことですが、このようなプロセスはスタジオのなかでのみ進行するのではないのです。テレビを見ている視聴者も積極的に参加します。ある場合には、コメンテータの出した解釈に対して「あんたは、何にもわかっていないのよ。あんたの言うとおりだったら、もともとこんなことになっていないじゃないの……」とテレビに向かって語りかけたりします。あるいは、「自分だったらどう思うかしら。自分がそのような立場におかれたら、どんなふうに感じるかしら。でも絶対に自分はしないでしょうね。でも、もしかしたら……」と自分に強く引きつけて、自分なりの解釈をつくり上げていきます。このように、テレビのおしゃべりを見ながら、スタジオの参加者と同じ行為をこちら側でも行なっていくのです。

さらに、ワイドショーで放送された結果、事件は人々が共有する話題となります。テレビを見終わった視聴者は、身近な人とさっそくこの話を話題とすることができるのです。番組のなかで行なわれた議論のおさらいをし、テレビを見ながら心のなかでくり返していた自分の考えを話し、そして相手の解釈を聞くのです。ちょうどスタジオでなされたのと同じような詮索が行なわれ、その日の暫定的な結論が出るまで、おしゃべりが続けられるのです。

このようにして、ワイドショーのおしゃべりは、テレビのなかからテレビの外へと広がっていくのです。おしゃべりがテレビの外に広がっていく限り、ワイドショーにとってその事件を報道する価値は持続するのです。さらに、この広がり方が明日のワイドショーの視聴率を決定しているのです。

発展するスキャンダルとその終焉

しかし、すべての話題がテレビの外側に拡大するわけではありません。人々が積極的に話題とする条件は、その話題のなかに人間が見えるということでしょう。いい意味でも、悪い意味でも人間的であればあるほど人々は語りたがるものなのです。サッチー騒動では、野村沙知代という人間そのものが話題の中心だったのです。いかにスキャンダル性が強い事件であっても、組織によってなされた事件では、サッチー騒動のようには多くを語ろうとはしないでしょう。自分の生き方と照らし合わせて語ることができることが、おしゃべりを活性化するのです。

さらに、ドラマとしての要素があることも重要な条件となります。サッチー騒動では、ささいな規範の逸脱から出発したものの、次々と新しい違反がほじくり返され、まさに道徳違反のデパートのような存在として語られました。そして大事なことは、それらが彼女の人生の経歴としてドラマ化されたことです。

テレビドラマは、フィクションであり、いかにドラマティックな展開であっても、どこか見ている側につくり物という意識がついてまわります。ところがワイドショーで展開する事件は、つくり物ではなく、まさに現実のできごとであり、しかも小説以上にドラマティックな展開を遂げていくことも多いのです。

数か月も連続ドラマが続くように、ワイドショーのスキャンダルも、解決がつくか、語ることがなくなるまで続くのです。しかし、ワイドショーの扱う話はドラマではありません。そのために必ずしも解決はないままに終わることも多いのです。ドラマの結末が見えなくても、事件を十分に味わいつくしたときに人々は語るのをやめるのです。

たいして有名でもない2人の「タレント」の言い争い、社会的な意義などまったくない言い争いが、これほどまでに発展したのはマスコミの影響があったのは確かです。しかし、マスコミの影響があったと私たちが判断する根拠は、じつは私たちがこぞってサッチー騒動にかかわったという事実から言えるのではないでしょうか。もしも私たちがこの騒動について語ることをしなかったなら、そもそもこんな騒動にはならなかったのです。私たちがこの事件について「おしゃべり」することでマスコミの影響があったといえるのです。そして、私たちの「おしゃべり」があって初めてメディアスキャンダルとして成立しえたのです。

インターネットとワイドショー

ワイドショーが「テレビの井戸端会議」といわれるように、巨大な電子掲示板システムは「インターネットの井戸端会議」と蔑称されます。ここではじつに多数の話題が語られています。「サッチー騒動」についても無数の書き込みがなされました。新しい事実が明らかにされるごとにスレッドが立てられ、いろいろな人の意見が書き込まれました。一つの発言に対し、さらに別の意見が書き込まれます。「おしゃべり」が次々と書き込まれると考えればよいのです。このような掲示板を読むという行為は、私たちがワイドショーを見るのと似たような構造をもっているのではないでしょうか。キャスターとコメンテータのおしゃべりをテレビで見ているようなものなのです。

ワイドショーとの違いは、テレビは極端に弱いフィードバックしかもたない点です。視聴者がどのような反応をしたのか、どのような意見をもっているかは、ファックスとか、電話とか、送り手の周囲の視聴者からのフィードバックとかに依存するのです。これに対し、インターネット掲示板では読み手はいつでもおしゃべりの参加者になれることが大きな違いです。また、ワイドショーでは、語られる内容が、送り手の意図によってゆがめられやすいという欠点もあります。本来ならばスキャンダルとしてさらに発展する可能性のある話題でも、政治的な圧力、スポンサーの意向、大手プロダクションの意図などによって放送されないことも多いのです。インターネットの掲示板では、特定の送り手の意図によって話題が制限されることは比較的少ないといえます。

このように、インターネット掲示板では、私たちのおしゃべりがストレートに人々のおしゃべりに影響を与えるという点で、ワイドショーが果たしてきた以上にスキャンダラスな文化と結びつくといえるのではないでしょうか。本章で示したかったことは、マスメディアのもつ影響力とは、じつは私たちがどの程度そのことについて語るのかという点につきるということなのです。私たちがおしゃべりすることがマスメディアの影響力をつくり上げていたという点です。そして私たちがおしゃべりをするということが、じつは世論をつくるということを意味しているのです。

終章

おしゃべりが世界をつくる

本書をとおして一貫して述べてきたことは、おしゃべりで「世界」が変わるという主張です。ラジオやテレビの発達にしたがって、おしゃべりは社会のさまざまな局面から片隅に追いやられてきました。しかし、社会の隅のほうに追いやられていたようにみえたおしゃべりですが、実際にはおしゃべりが私たち自身と私たちの社会をつくっていたことは事実なのです。そのことが十分に理解されなかったのは、おしゃべりが社会の表舞台に登場してこなかったからだけなのです。インターネットの発達によって、そんなおしゃべりが社会のなかに「見える」ようになり、再び表舞台にもどってきたのです。

マスとなったおしゃべり

それは阪神・淡路大震災のときのことでした。当時コンピュータを使ったコミュニケーションの社会心理学的研究をしていましたが、その関係でコンピュータを使ったコミュニケーションが、大きな災害でどのような働きをするのかを調べたのです。わかったことは、コンピュータ・コミュニケーションは、震災の被害に直接遭った人々には必ずしも役に立たないが、被災者の周辺で活躍する人々にはとても役に立ったことでした。しかし、この研究から学んだのは、災害時におけるコンピュータ・コミュニケーションの可能性ばかりではなく、大きな災害に社会が遭遇すると、その災害について私たちがそのことを語らずにはいられないという事実です。あたりまえのことで、いまさらそんなことをいうと笑われるかもしれませんが、大きな災害や大きな事件が起こると人々はお互いにそのことを一生懸命に語り合うという事実を目に見える形で提示することができたのです。

この研究では、ネットワークのなかの数千の電子会議室でのおしゃべりを対象としています。会議室に参加している不特定多数の人々の間のおしゃべりですが、会議室のなかにおしゃべりの記録が残されています。まさに「見える」おしゃべりです。これらの「見える」おしゃべり全体のなかから阪神・淡路大震災について語られたおしゃべりの割合を求めてみました。その結果はとても衝撃的なものでした。地震が起こった日とその翌日には、全おしゃべりのうちのほぼ4分の1は災害に関するものだったのです。その後の2週間の平均でも十数%が震災についての「おしゃべり」が占めていたのです。このデータはコンピュータのなかでの会話ですが、日常的な場面にこの結果をあてはめて考えると、私たちのふだんの会話のなかでも、震災当日とその翌日はおしゃべりの4分の1程度は阪神・淡路大震災のことを話題にしていたと考えられるのです。

おしゃべりは、それぞれの人々がそれぞれの話題について語り合うというのがふだんの姿です。しかし、特定の状況におかれたときに、期せずして人々が同じテーマについて語り合うという「マスなおしゃべり」という状況が生まれるのです。社会のなかのほとんどの人々が同じ話題について同時におしゃべりをするのです。本書でくり返し述べたようにおしゃべりという相互作用はお互いに影響を与えあうプロセスです。このような大規模なおしゃべりをとおして、私たち自身が変化したことはもちろんですが、同時に社会全体が共通してもっていた価値観や規範なども大きく変化したことを指摘したいのです。

阪神・淡路大震災は、「ボランティア」というものについての考え方を基本的に変化させたといわれています。阪神・淡路大震災についてのおしゃべりのなかから、一つの方向をもった価値観の変化が生み出された一例だと思います。このようなおしゃべりは、従来いわれていた世論形成といった特定のできごとについての意見形成のような規模の小さいものでもないし、また表面的、一時的なものでもありません。私たちの生きる意味に迫る内面的なものであり、一部の人々の間にだけ起こるのではなく国民的な規模で起こったのです。時代の価値観をつくり上げるようなそんな力を内在していたのだと思います。そのような過程が引き起こされるのは、私たちのおしゃべりの力以外のなにものでもないのです。社会全体が変わるというのは、このようなおしゃべりが社会全体に起こるときなのだということを実感したのでした。

おしゃべりを引き起こす力

おしゃべりが社会の片隅に押しやられてしまった理由は、マスコミの力が「強力」と考えられたからでした。個人がもちえない力をマスコミがもっていたからです。その力とは上述したような集合的なおしゃべりを引き起こす力なのです。

購入した商品に重大な欠陥があってクレームを申し立てたにもかかわらず無視され続けている。こんなケースでもひとたび新聞やテレビが取り上げると企業が世論を恐れてすぐにクレームに応じてくれるといった事例はよく耳にすることです。マスコミには世論を生み出す力があると信じられていたからこそ、マスコミの力が生まれたのです。

しかし、インターネットの登場によって個人でもそのような力をもてることを示したできごとがあります。それは個人の小さなつぶやきがインターネットのホームページに載せられたところから始まりました。大組織と個人が対等に渡り合うことができたというできごとです。

「1999年6月3日に、福岡市に住む38歳の会社員A氏（ハンドルネームAKKY氏）が、自分の購入したビデオデッキの不具合に対する東芝の窓口対応（サポート）のわるさに怒って個人ホームページを開設し、そこで渉外担当の東芝社員が電話口でA氏に吐いた暴言をリアルな音声で公開しました。そこからネット上の各種掲示板で大きな議論が巻き起こり、東芝がA氏に対してホームページの一部削除を求める仮処分申請へと発展した事件のことをいいます。この事件では、インターネットの各種掲示板でこの問題が取り上げられ、東芝批判を中心とする『ネット世論』が盛り上がりました。これを雑誌、新聞などのマスメディアが報道したことで現実世界での東芝批判世論をも喚起した結果、同年7月19日には東芝側が訴訟を取り下げ、A氏に謝罪することになりました」（三上、２００１）。

これまでならば、マスコミなどが大きく取り上げない限り、こんなに簡単に解決に至ることはなかったでしょう。マスコミの力が世論を喚起したのではなく、個人のホームページでの発言が直接インターネットのおしゃべりを引き起こし、その盛り上がりが東芝の謝罪を勝ち取らせたのでした。このケースは、マスコミしかもちえなかった力を、インターネットを利用することで個人が獲得したという意味で画期的なことなのです。マスコミがもっていた力を個人がもちうることをはじめて証明したのでした。インターネットを利用する個人はだれもがこのような力を獲得することができることを示したのです。

隠されていくおしゃべり

インターネットの登場はおしゃべりを見える方向にすすめることで、これまでマスコミしかもちえなかった力を私たちに与えることになったのです。その一方で、ケータイや電子メールは、おしゃべりを見えない方向にすすめることで、おしゃべりに新しい力を与えています。第3章ではふれなかったのですが、ケータイや電子メールの特徴は、おしゃべり自身を隠すことができる点にあります。パーソナルコミュニケーションのためのメディアがめざした方向は、コミュニケーションを他人から隠すことにありました。電話の歴史をたどってみるとこのことが理解されます。交換手のいる電話、自動交換機による電話、居間に置かれた電話、自室への切り替え電話、さらにコードレス電話、そして現在のケータイへと移り変わってきました。コミュニケーションを他人の目から隠すという方向です。コミュニケーション内容を他者の目や耳から隠すだけではなく、コミュニケーションをしていること自身を見えないものにしているのです。周囲の目からコミュニケーションを隠すことの意味は、あまり指摘されていませんが、インターネットの匿名性よりもずっと意味が重いのです。だれとコミュニケーションしているかを見せないでいられるということは、おしゃべりが宿命的にもっていた状況の拘束力からおしゃべりを自由にしたのです。おしゃべりの相手がだれであれ、人知れずおしゃべりを交わせることによって、おしゃべりの範囲が一気に拡大したのです。周囲の目や耳があったからこそ控えられていたおしゃべりが可能になったのです。新聞紙上をにぎわす事件の背後にしばしばケータイが重要な働きをしているのは、それまでは交わすことのなかったおしゃべりが可能になってしまったからという側面があるのです。

このようにメディアの発達によって、マスコミに与えていた特権を個人が取り戻したという側面と、おしゃべりが現実の社会関係によってもたらした制約から自由になれたという側面とがあるのです。これらは、いずれもおしゃべりの力をこれまで以上に力のあるものとしたのです。

おしゃべり装置の誕生

インターネットやケータイが個人のおしゃべりの力を強める側面については、すでに何度も述べていますので、最後にマスコミュニケーションのなかにいる送り手としての個人とインターネットの関係について述べてみたいと思います。おしゃべりを社会の片隅に追いやったマスコミですが、マスコミのなかにいる個人に注目するとおもしろいことに気づかされます。新聞ができるまでを例にとりましょう。個人の記者が記事を書き、デスクが記事をチェックし、それらの記事を編成して新聞として完成します。そして読者の手に渡り、新聞が読まれるという流れです。このような情報の流れのなかに、マスコミの力を感じさせるものはなに一つありません。あなたが手紙を書き、それを受け取った私がそれを読むということと何にも違いはないのです。マスコミといっても、結局は私たちと同じ人間がつくり、同じ人間が受け取っているにすぎないのです。

にもかかわらず、マスコミがあれほど大きな力をもちえたのは、私たちの手に記事が渡ってからということがこの事実からもわかるのです。マスコミに力があるのは、記事を読んでいるあなたが、その記事をおしゃべりの話題にするからなのです。おしゃべりの話題にすること、そしてそのおしゃべりがさらに新しいおしゃべりを生み出すという非常に単純な構造からマスコミの力が発生していたのです。マスコミのもつ力とは、このようなおしゃべりのプロセスを集合的に発生させる可能性を内包しているところにあったのです。

インターネットやケータイの登場は、社会全体のコミュニケーションの流れを変えてしまうような「おしゃべり装置」の誕生といった側面をもっていると思います。社会のなかで発生している多様な情報が「おしゃべり装置」のなかに投入されることで、見えるおしゃべりと見えないおしゃべりを集合的につくり出していくのです。マスコミからの情報にしろ、個人のつぶやきやおしゃべりにしろ「おしゃべり装置」に投入されると、新しいタイプのおしゃべりの力を生み出して社会に強い影響力を与えるのです。

マスコミは、もともと私たちの集合的なおしゃべりを利用していたのですから、このような「おしゃべり装置」の登場は、その存立基盤を揺るがすほどに重要な意味をもっているはずなのです。

おしゃべりの相手が見えてくる

マスコミのなかで働く個人にとって、おしゃべり装置としてのインターネットのもたらす最も大きな影響は、それまでは組織のなかに埋没していた自分自身の姿が見えてくるようになるということです。これまでは、組織としてのマスコミが前面に出てくるために、記者の情報は、組織内の基準と組織間の基準によって評価されてきました。社内での基準や他社との比較などからおもに評価され、読み手からのフィードバックはほとんど得られなかったのです。実際にその番組をつくった人、記事を書いた人が受け手から直接的に評価されることは例外的でした。たとえば、ニュース番組の記事を制作しても、その記事そのものへのフィードバックは内部の人の意見が主であるし、視聴率による評価は番組の視聴率にすぎません。また新聞の場合にはもっとあいまいで、どんなによい記事を書いたところで新聞の売り上げが伸びるなどということはありません。そのためにマスコミの情報発信では「私が語る」という視点を長い間忘れられてきたのでした。

巨大掲示板の一つである「2チャンネル」は、おしゃべり装置としてのインターネットを象徴するものといってよいと思います。ここでのスレッド（話題）の多くがマスコミからの情報に依拠しているのは周知の事実です。おもしろい記事、刺激的な記事は、インターネットで配信された直後にスレッドが立ち、1時間もしないうちに数百、数千のレスがつけられることもあります。マスコミ発の情報がおしゃべりを喚起したのです。このことはニュースに限らず、新聞、雑誌、テレビ番組など、マスコミによる情報も、それらがおしゃべりを喚起する力がある限りは、おしゃべり装置を経由して、私たちのおしゃべりへと発展するのです。人気のテレビドラマ番組などは、独自の掲示板が立ち上げられ、ドラマの放映にあわせてリアルタイムにおしゃべりが展開しています。時には、ここでのおしゃべりが、原作では死ぬはずの主人公を生き返らせたりするのです。おしゃべりがドラマのストーリーをも変えてしまうのです。作家もおしゃべりの影響を受けてしまうのです。

このようにマスコミの書き手にとってインターネットは、マスコミという組織にうずもれがちな個人が自分と自分の表現を取り戻すための装置でもあるのです。

おしゃべりに迎合する

どのようにしたらおしゃべり装置としてのインターネットに火をつけることができるのでしょうか。そのポイントは、人々とおしゃべりをするという点につきます。これまでのマスコミのように、「正しい」ことを伝える、「正しい」ことを説得するというような姿勢である限り、おしゃべり装置に点火することはできないでしょう。逆に、これまでの形式にこだわらず、受け手とのおしゃべりを意識し、受け手がおしゃべりをしやすい情報をつくり出せるならば、さらに聞き手の発言にも耳を傾けるような情報をつくり出せるならば、マスメディアの新しい可能性が生まれてくるのではないかと考えられます。

マスコミの送り手と受け手というイメージで考えるよりも、記事を書いている個人と受け手としての個人が、対面的な状況のなかでおしゃべりをしているというイメージを想起すればいいのではないでしょうか。これまでのマスコミのイメージは、人の話をとってしまう自分中心の話し手といったところです。おしゃべりの流れと関係なしに自分の意見だけを主張する人がいたらおしゃべりははずむことはありません。たしかにその場にいる人々は、話を聞いているような顔をしてうなずいてくれるでしょう。しかし、話し手だけが自己満足しておしゃべりが終わるのです。こんな形で情報提供をしていたのがこれまでのマスコミの姿なのかもしれません。

対面的な場面でのはずむようなおしゃべりをつくり上げることができるのかということが、インターネットというおしゃべり装置に点火できるかどうかのメルクマールなのです。これはマスコミの書き手にだけ当てはまることではなくて、日常のおしゃべりのポイントでもあります。そして多くの人が意識せずに、あるいは意識して、毎日の会話のなかで心がけていることなのです。マスコミだけが、おしゃべりについて十分な配慮をしてこなかっただけなのではないでしょうか。

どのような形で、情報を発信するのが効果的であるかは、その時どきのテーマによって大きく異なるのはあたりまえのことです。ただはっきりといえることは、対面的な場面でのおしゃべりの盛り上がりということを常に考えてみるとよいということです。インターネット時代には、記事を書くにしろ、番組をつくるにしろ、あるいは本を出版するにしろ、おしゃべりを喚起するということを常に頭においておく必要があると思います。

おしゃべりで世界が変わる

20世紀には存在しなかった「おしゃべり装置」が、その力をフルに発揮した事例はまだほとんどありません。もしも「おしゃべり装置」がフル活動したときにいったい何が起こるのでしょうか。はっきりしていることは、マスコミを含めて、私たちのおしゃべりで世界が変わるということです。おしゃべり装置は、おしゃべりがおしゃべりを呼んで世界中をおしゃべりで埋め尽くすのです。しかし、その結果は、必ずしも社会的に望ましい方向に進むというものではないということを最後に述べておきたいと思います。

日本は1941年12月8日、太平洋戦争に突入しました。戦争に突入した日のおしゃべりがどんなものであったのかを知る由もありません。はっきりといえることは、「おしゃべり装置」などなかったけれども、それ以上のおしゃべりが日本中を渦巻いただろうということです。そして、おしゃべりが引き出した結論は言うまでもないことでしょう。

また、2001年9月11日、ワールドトレードセンターへの2機の旅客機の突入とそれに続く2つのビルの崩壊の様子はリアルタイムで伝えられ、世界中の人々に大きな衝撃を与えました。その日はもちろんのこと数日の間、地球的な規模でのおしゃべりが引き起こされました。この間「おしゃべり装置」はフル回転し、多くの国の個人がもっていた「国家」「テロ」「安全」についての価値観や社会観を大きく変容させたのです。その結果として新しい地球的な規模での対立を生み出しているのはご承知のとおりです。

本書で最後に言いたいことは、おしゃべりが喚起されるということは、絶対的に正しいということなのです。結果としてどのような状態が生まれるかは、まったく別の問題です。おしゃべりが発生するということは、思想的にもイデオロギー的にもまったくの白紙状態で発生します。おしゃべりがどのような結論に達するかは、おしゃべりに参加する人々の相互作用によって決まるのです。おしゃべり装置の特徴は、マスコミの発言者だけではなく、だれでもが自由に参加できることにあります。そして、そこでのおしゃべりが参加者相互に影響しあうところにおもしろさがあるのだと思います。おしゃべりの結論をつくるのは、おしゃべりに参加する私たちなのです。

Rebecca, B. et al.　1988　Conceptualization and Measurement of Interpersonal Communication Motives. *Human Communication Research*, **64**, 602-628.
田崎篤郎・児島和人（編著）　2003　マス・コミュニケーション効果研究の展開　北樹出版
東京大学社会情報研究所（編）　2001　日本人の情報行動 2000　東京大学出版会

文 献

安藤清志・大坊郁夫・池田謙一　1995　社会心理学　岩波書店
アーガイル, M.・ヘンダーソン, M.／吉森　護（編訳）　1992　人間関係のルールとスキル　北大路書房
Dichter, E.　1996　How word-of-mouth advertising works. *Harvard Business Review*. Nov-Dec. 147-166.
ダンバー, R.／松浦俊輔・服部清美（訳）　1998　ことばの起源─猿の毛づくろい、人のゴシップ─　青土社
Fine, G. A. & Rosnow, R. L.　1978　Gossip, gossipers, gossiping. *Personality and Social Psychology Bulltin*, 4, 161-168.
フィスク, J.／伊藤　守・他（訳）　1996　テレビジョンカルチャー　梓出版
深田博己　1998　インターパーソナル・コミュニケーション─対人コミュニケーションの心理学─　北大路書房
Guendouzi, J.　2001　'You'll think we're always bitching': The functions of cooperativity and competition in women's gossip. *Discourse Studies*. Vol.3, 29-51.
Higgins, E. T.　1981　The communication game: Implications for social cognition and persuasion. *The Ontario Symposium*. Vol.1. 343-392.
堀内圭子　2001　消費者からの情報発信　川上善郎（編）　情報行動の社会心理学　北大路書房　Pp.100-113.
池田謙一・村田光二　1991　こころと社会　東京大学出版会
石川弘義　1983　会議の心理学　筑摩書房
ジョインソン, A. N.／三浦麻子・畦地真太郎・田中　敦（訳）　2004　インターネットにおける行動と心理─バーチャルと現実のはざまで─　北大路書房
川上善郎　1997　うわさが走る　サイエンス社
川上善郎　2001　情報行動の社会心理学　北大路書房
川上善郎・川浦康至・古川良治・片山美由紀　2002　社会的現実形成にかかわるニュースメディアの可能性と限界　文科省科研報告書
川上善郎・佐藤達哉・松田美佐　1997　うわさの謎　日本実業出版社
川浦康至・松田美佐（編）　2001　携帯電話と社会生活　現代のエスプリ No.405　至文堂
Lull, J. & Hinerman, S. (Eds.)　1997　*Media scandal*. New York: Columbia University Press.
三上俊治　2001　インターネット時代の世論と政治　川上善郎（編）　情報行動の社会心理学　北大路書房　Pp.128-139.
宮田佳久子　1997　ネットワークと現実社会　池田謙一（編）　ネットワーキング・コミュニティ　東京大学出版会　Pp.117-136.
中村　功　2001　携帯メールの人間関係　東京大学社会情報研究所（編）　日本人の情報行動 2000　東京大学出版会　Pp.285-303.
ＮＨＫ放送文化研究所（編）　2001　データブック全国国民生活時間調査〈2000〉　日本放送出版協会

著者紹介

●川上　善郎（かわかみ・よしろう）

成城大学文芸学部教授。うわさ研究の第一人者。

1946 年東京生まれ。東京大学文学部卒業。

社会のなかの情報の流れに強い関心をもち，マスコミをとおして流れる情報や，人から人へと流れる情報，さらにはニュース・うわさ・おしゃべりなど多様な情報を扱う。

現在は，インターネットを中心とした新しいメディアの登場による情報の流れの変化を社会心理学的な視点から研究している。

主な著書に，『うわさが走る―情報伝播の社会心理』（サイエンス社），『うわさの謎』（共著；日本実業出版），『情報行動の社会心理学』（編著；北大路書房），『わかりあう人間関係』（共編著；福村出版），『電子ネットワーキングの社会心理』（共著；誠信書房）などがある。

おしゃべりで世界が変わる

2004年9月5日　初版第1刷印刷
2004年9月15日　初版第1刷発行

定価はカバーに表示してあります。

著　者　川 上 善 郎
発行者　小 森 公 明
発行所　㈱北大路書房
〒603-8303　京都市北区紫野十二坊町12-8
電　話　(075) 431-0361㈹
ＦＡＸ　(075) 431-9393
振　替　01050－4－2083

制作／見聞社　印刷・製本／創栄図書印刷㈱
検印省略　乱丁・落丁はお取り替えいたします

ISBN4-7628-2395-3　　Printed in Japan